FRENCH

140 SPEED TESTS TO BOOST YOUR FLUENCY

60-Second Grammar Workouts

PASSPORT BOOKS
NTC/Contemporary Publishing Group

This edition first published in 2001 by Passport Books
A division of NTC/Contemporary Publishing Group, Inc.
4255 West Touhy Avenue, Lincolnwood (Chicago), Illinois 60712-1975 U.S.A.
Printed in Canada
International Standard Book Number: 0-658-00413-1
Library of Congress Catalog Card Number: 00-135254
01 02 03 04 05 VP 20 19 18 17 16 15 14 13 12 11 10 9 8 7 6 5 4 3 2 1

Introduction

60-Second French Grammar Workouts is designed to enable you to test and improve your knowledge of French grammar both quickly and conveniently.

These 140 short exercises, with their clear and compact design, make this book the ideal personal trainer for your spare moments—whether you're on the bus or train, waiting at a bus stop or train station, taking a midmorning break, or relaxing at home.

Containing more than 2,000 questions, it provides a thorough examination of all the most important rules and exceptions of French grammar.

Simply equip yourself with a pen or pencil, and write your responses in the book. Pit yourself against the clock, and you'll be honing your response time and improving your fluency in the language. The correct answers can be quickly checked on the opposite page in the gray panel.

So, what are you waiting for? The stopwatch is running!

Contents

1. "UN" OU "UNE" Select the correct article.

a. Paul cherche _ _ _ _ _ _ _ _ appartement à Rennes.

b. Mon oncle m'a offert _ _ _ _ _ _ _ _ harmonica pour mon anniversaire.

c. La bière est _ _ _ _ _ _ _ alcool également apprécié en Belgique.

d. J'exige _ _ _ _ _ _ _ _ explication plausible pour ton comportement.

e. Le vieux-Lille est _ _ _ _ _ _ _ _ fromage du Nord de la France.

f. Le train a _ _ _ _ _ _ _ _ heure de retard.

g. L'oie est _ _ _ _ _ _ _ _ animal pouvant garder une propriété.

h. _ _ _ _ _ _ _ _ ami est une aide précieuse en cas de problème.

i. Mon père a étendu _ _ _ _ _ _ _ _ hamac dans le jardin.

j. Cette année, nous avons eu _ _ _ _ _ _ _ _ hiver rude.

k. Poser sans cesse des questions est _ _ _ _ _ _ _ _ habitude typiquement enfantine.

l. Mon grand-père a _ _ _ _ _ _ _ _ avis sur tout.

m. Le poirier est _ _ _ _ _ _ _ _ arbre fruitier.

n. _ _ _ _ _ _ _ _ antilope est un animal africain.

o. Le marché de Noël est _ _ _ _ _ _ _ _ tradition d'Allemagne.

2. CE, CET, CETTE, CES Which one fills in the blank?

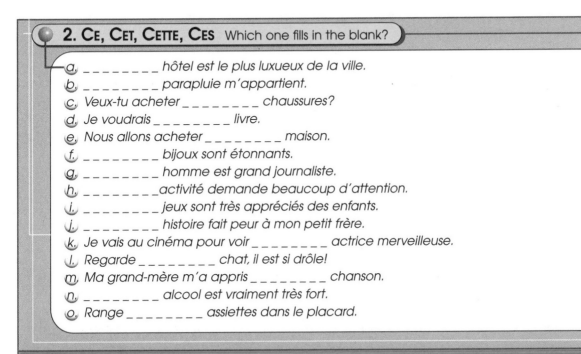

a. _ _ _ _ _ _ _ _ hôtel est le plus luxueux de la ville.

b. _ _ _ _ _ _ _ _ parapluie m'appartient.

c. Veux-tu acheter _ _ _ _ _ _ _ _ chaussures?

d. Je voudrais _ _ _ _ _ _ _ _ livre.

e. Nous allons acheter _ _ _ _ _ _ _ _ maison.

f. _ _ _ _ _ _ _ _ bijoux sont étonnants.

g. _ _ _ _ _ _ _ _ homme est grand journaliste.

h. _ _ _ _ _ _ _ _ activité demande beaucoup d'attention.

i. _ _ _ _ _ _ _ _ jeux sont très appréciés des enfants.

j. _ _ _ _ _ _ _ _ histoire fait peur à mon petit frère.

k. Je vais au cinéma pour voir _ _ _ _ _ _ _ _ actrice merveilleuse.

l. Regarde _ _ _ _ _ _ _ _ chat, il est si drôle!

m. Ma grand-mère m'a appris _ _ _ _ _ _ _ _ chanson.

n. _ _ _ _ _ _ _ _ alcool est vraiment très fort.

o. Range _ _ _ _ _ _ _ _ assiettes dans le placard.

Workout 3: a. perdante b. jeune c. mariée d. aimable e. originale f. grande
g. intelligente h. rouge i. allemande j. mignonne k. actuelle l. sportive
m. belle n. gentille o. sérieuse

3. METTEZ AU FÉMININ Put the adjective in the feminine form.

a. perdant

b. jeune

c. marié

d. aimable

e. original

f. grand

g. intelligent

h. rouge

i. allemand

j. mignon

k. actuel

l. sportif

m. beau

n. gentil

o. sérieux

4. NON, NON, NON! Rewrite these sentences in the negative.

a. Je suis d'accord avec toi.

b. Les patients attendent le médecin dans la salle d'attente.

c. Les enfants jouent au ballon dans la cour avec leurs copains.

d. J'ai lu un livre passionnant sur la vie des animaux sauvages.

e. Le bébé a dormi toute la nuit.

f. L'ouvrier a réparé la porte de mon appartement.

g. Les voleurs sont entrés par la fenêtre de ma chambre.

Workout 5: a. Il b. Ils c. leur d. Ils e. Elle f. les g. Ils h. Elle i. Elles j. lui
k. Nous l. Elle m. Vous n. Elles

5. ELLE OU LUI? Replace the noun with the correct pronoun.

a. (Paul) aime courir le long du fleuve.

b. (Nos parents) sont abonnés au théâtre.

c. J'ai donné à boire et à manger (aux chats de mon voisin).

d. (Les policiers) ont installés des barrages pour pouvoir faire des contrôles.

e. (Ma mère) est partie faire des courses avec mon frère.

f. J'ai rencontré (Charlotte et son ami) en allant me promener au bord du lac.

g. (Charlotte et son ami) se connaissent depuis leur enfance.

h. (La chanteuse) a eu ce soir beaucoup de succès.

i. (Anne et Julie) sont parties en vacances chez leur grand-mère.

j. Il a téléphoné à (son frère) pendant plus d'une heure.

k. (Marc et moi) sommes occupés toute la journée.

l. (Sa télévision) est allumée pratiquement 24 heures sur 24.

m. (Tes frères et toi) êtes vraiment insupportables!

n. (Les cassettes vidéo) sont rangées sur l'étagère à côté du magnétoscope.

6. LE PRÉSENT Insert the correct present tense form of the verb.

a. Je _ _ _ _ _ _ _ _ la soeur de mon frère.   être

b. La chatte _ _ _ _ _ _ _ _ à manger à ses chatons.   donner

c. Le livre _ _ _ _ _ _ _ _ dans la bibliothèque.   se trouver

d. Son grand-père _ _ _ _ _ _ _ _ 65 ans.   avoir

e. Paul _ _ _ _ _ _ _ _depuis 3 ans à Strasbourg.   habiter

f. Mon chef et moi _ _ _ _ _ _ _ _ à New-York pour affaires.   être

g. _ _ _ _ _ _ _ _ - vous de Belgique ou de France, Louis?   venir

h. Nos voisins _ _ _ _ _ _ _ _ continuellement.   se disputer

i. La pollution atmosphérique _ _ _ _ _ de plus en plus importante.   être

j. Cette émission _ _ _ _ _ _ _ _ à 23 heures.   finir

k. Quand _ _ _ _ _ _ _ _ - tu? Ce soir ou demain?   venir

l. Cet été, nous _ _ _ _ _ _ _ _ en vacances au bord de la mer.   partir

m. Quelle heure _ _ _ _ _ _ _ _ -il?   être

n. Elle _ _ _ _ _ _ _ _ aux sciences physiques et aux mathématiques.   s'intéresser

o. Le voleur _ _ _ _ _ _ _ _ la fuite en voyant la voiture de police.   prendre

Workout 7: a. fleurs b. nez c. genoux d. jeux e. journaux f. choix g. pneus
h. étudiantes i. bals j. bouquets k. gaz l. bijoux m. bas n. yeux o. carnavals

7. UN CHEVAL DES CHEVAUX What is the plural of these nouns?

a. fleur ---->

b. nez ---->

c. genou ---->

d. jeu ---->

e. journal ---->

f. choix ---->

g. pneu ---->

h. étudiante ---->

i. bal ---->

j. bouquet ---->

k. gaz ---->

l. bijou ---->

m. bas ---->

n. oeil ---->

o. carnaval ---->

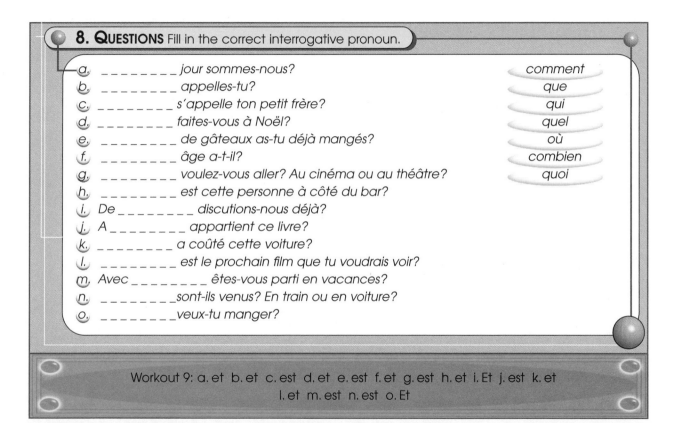

8. QUESTIONS Fill in the correct interrogative pronoun.

a. _____ jour sommes-nous?

b. _____ appelles-tu?

c. _____ s'appelle ton petit frère?

d. _____ faites-vous à Noël?

e. _____ de gâteaux as-tu déjà mangés?

f. _____ âge a-t-il?

g. _____ voulez-vous aller? Au cinéma ou au théâtre?

h. _____ est cette personne à côté du bar?

i. De _____ discutons-nous déjà?

j. A _____ appartient ce livre?

k. _____ a coûté cette voiture?

l. _____ est le prochain film que tu voudrais voir?

m. Avec _____ êtes-vous parti en vacances?

n. _____ sont-ils venus? En train ou en voiture?

o. _____ veux-tu manger?

comment
que
qui
quel
où
combien
quoi

Workout 9: a. et b. et c. est d. et e. est f. et g. est h. et i. Et j. est k. et
l. et m. est n. est o. Et

9. ET OU EST ? Which one fills in the blank?

a. Paul _ _ _ _ _ _ _ _ son frère sont partis à la pêche depuis ce matin.

b. La boulangerie ouvre à six heures _ _ _ _ _ _ _ _ quart.

c. Le repas _ _ _ _ _ _ _ _ prêt depuis dix minutes.

d. Les élèves doivent acheter pour la rentrée des crayons _ _ _ _ _ _ _ _ des cahiers.

e. Elle _ _ _ _ _ _ _ _ surprise de le rencontrer ici.

f. Dites-lui de venir _ _ _ _ _ _ _ _ surtout de se dépêcher!

g. Il nous _ _ _ _ _ _ _ _ difficile de comprendre sa situation car il ne veut pas en parler.

h. En rentrant, il ôte ses chaussures _ _ _ _ _ _ _ _ s'installe dans son fauteuil.

i. "_ _ _ _ _ _ _ _ alors" est sa réplique préférée.

j. Pauline _ _ _ _ _ _ _ _ venue pour le remercier.

k. Elle va passer ses vacances avec son frère _ _ _ _ _ _ _ _ son cousin.

l. Ma mère, mon père _ _ _ _ _ _ _ _ ma tante sont partis en Grèce.

m. Il _ _ _ _ _ _ _ _ plus riche qu'on ne pourrait le croire.

n. Ce que j'aime chez toi, c'_ _ _ _ _ _ _ _ ton honnêteté.

o. "_ _ _ _ _ _ _ _ toi, comment ça va?"

10. EST-CE QUE? Make a question using "est-ce que."

a, *Tu as acheté le journal.*

----

b, *Il a reçu beaucoup de courrier.*

----

c, *Ton père vient souvent te rendre visite.*

----

d, *Elle dépense beaucoup d'argent.*

----

e, *Paul est très heureux.*

----

f, *Mon petit frère a bien dormi.*

----

g, *Tu as lu ce livre.*

Workout 11: a. est allé b. a neigé c. est né d. est monté e. sont venues f. a nagé
g. ont regardé h. a lu i. s'est blessée j. sommes partis k. s'est levé l. a fait
m. a raconté n. a marché o. avons acheté

Workout 10: a. Est-ce que tu as acheté le journal? b. Est-ce qu'il a reçu beaucoup de courrier?
c. Est-ce que ton père vient souvent te rendre visite? d. Est-ce qu'elle dépense beaucoup d'argent?
e. Est-ce que Paul est très heureux? f. Est-ce que mon petit frère a bien dormi?
g. Est-ce que tu as lu ce livre?

11. PASSÉ COMPOSÉ Put the verb in the *passé composé*.

a. Hier soir, il _ _ _ _ _ _ _ _ au cinéma.

b. L'hiver dernier, il _ _ _ _ _ _ _ _ beaucoup.

c. Son grand-père _ _ _ _ _ _ _ _ en 1909 à Marseille.

d. Pour préparer le déménagement, mon père _ _ _ _ _ _ _ _ au grenier.

e. Ses amies _ _ _ _ _ _ _ _ lui rendre visite à l'hôpital.

f. Hier, il _ _ _ _ _ _ _ _ pendant une heure.

g. Les enfants _ _ _ _ _ _ _ _ un dessin animé à la télévision.

h. Pauline _ _ _ _ _ _ _ _ hier toute la journée.

i. La semaine dernière, elle _ _ _ _ _ _ _ _ en tombant de sa chaise.

j. Pendant des années, nous _ _ _ _ _ _ _ _ en vacances à la montagne.

k. Il _ _ _ _ _ _ _ _ très tôt hier matin.

l. L'enfant _ _ _ _ _ _ _ _ ses premiers pas avant-hier.

m. La maman _ _ _ _ _ _ _ _ à l'enfant un conte de fée.

n. En 1969, Neil Armstrong _ _ _ _ _ _ _ _ sur la lune.

o. Nous _ _ _ _ _ _ _ _ une nouvelle voiture.

○ aller
○ neiger
○ naître
○ monter
○ venir
○ nager
○ regarder
○ lire
○ se blesser
○ partir
○ se lever
○ faire
○ raconter
○ marcher
○ acheter

12. IL Y A, C'EST, CE SONT Select the correct term for each blank.

a. Dans ma rue, _ _ _ _ _ _ _ _ une petite boulangerie.

b. A Paris se trouvent beaucoup de bateaux: _ _ _ _ _ _ _ _ des bateaux-mouches.

c. Dans cette école, _ _ _ _ _ _ _ _ quelques professeurs étrangers.

d. "Ce n'est pas de ma faute, _ _ _ _ _ _ _ _ lui qui a commencé!"

e. Dans ma chambre, _ _ _ _ _ _ _ _ une baie vitrée.

f. Regarde, _ _ _ _ _ _ _ _ nos voisins.

g. A Paris, il y a également une pyramide: _ _ _ _ _ _ _ _ la Pyramide du Louvre.

h. _ _ _ _ _ _ _ _ un message sur mon répondeur.

i. Sur la place du marché de mon quartier, _ _ _ _ _ _ _ _ des cerisiers japonais.

j. Ces hommes là-bas, _ _ _ _ _ _ _ _ mes cousins revenant de voyage.

k. Dans cette rue se trouve un restaurant excellent: _ _ _ _ _ _ _ _ un restaurant chinois.

l. En Europe, _ _ _ _ _ _ _ _ des paysages magnifiques.

m. Là, sur cette photo, _ _ _ _ _ _ _ _ moi.

n. Ce chien, à côté du banc, _ _ _ _ _ _ _ _ un labrador.

o. Les enfants jouant dans la cour, _ _ _ _ _ _ _ _ les enfants de la concierge.

Workout 13: a. choux-fleurs b. grand-mères c. gratte-ciel d. coffres-forts e. couvre-lits
f. haut-parleurs g. brosses à dents h. terrains de camping i. petit-fils j. sourds-muets
k. chefs-d'oeuvre l. derniers-nés m. limes à ongles n. passe-partout o. timbres-poste

13. UN ARC-EN-CIEL DES ARCS-EN-CIEL Do you know the plural?

a. chou-fleur ----------------------------

b. grand-mère ----------------------------

c. gratte-ciel ----------------------------

d. coffre-fort ----------------------------

e. couvre-lit ----------------------------

f. haut-parleur ----------------------------

g. brosse à dents ----------------------------

h. terrain de camping ----------------------------

i. petit-fils ----------------------------

j. sourd-muet ----------------------------

k. chef-d'oeuvre ----------------------------

l. dernier-né ----------------------------

m. lime à ongles ----------------------------

n. passe-partout ----------------------------

o. timbre-poste ----------------------------

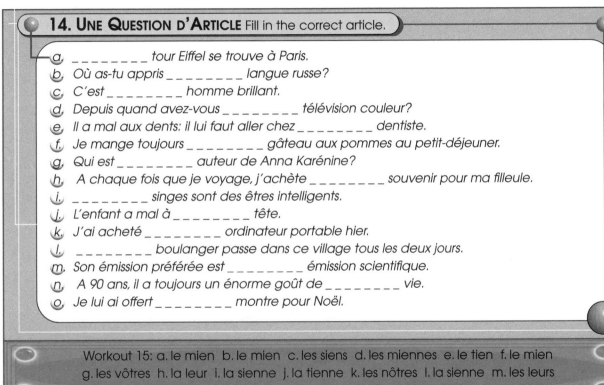

14. UNE QUESTION D'ARTICLE Fill in the correct article.

a. _____ tour Eiffel se trouve à Paris.

b. Où as-tu appris _____ langue russe?

c. C'est _____ homme brillant.

d. Depuis quand avez-vous _____ télévision couleur?

e. Il a mal aux dents: il lui faut aller chez _____ dentiste.

f. Je mange toujours _____ gâteau aux pommes au petit-déjeuner.

g. Qui est _____ auteur de Anna Karénine?

h. A chaque fois que je voyage, j'achète _____ souvenir pour ma filleule.

i. _____ singes sont des êtres intelligents.

j. L'enfant a mal à _____ tête.

k. J'ai acheté _____ ordinateur portable hier.

l. _____ boulanger passe dans ce village tous les deux jours.

m. Son émission préférée est _____ émission scientifique.

n. A 90 ans, il a toujours un énorme goût de _____ vie.

o. Je lui ai offert _____ montre pour Noël.

Workout 15: a. le mien b. le mien c. les siens d. les miennes e. le tien f. le mien
g. les vôtres h. la leur i. la sienne j. la tienne k. les nôtres l. la sienne m. les leurs
n. le mien o. le sien

15. LE MIEN Insert the appropriate possessive pronoun.

a. Ton frère est architecte, (mon frère) est docteur. -----------

b. Si ton stylo ne marche pas, tu peux prendre (mon stylo). --------

c. A qui sont ces gants? Ce sont (ses gants). -----------

d. Ses photos sont mieux réussies que (mes photos). -----------

e. J'ai égaré mon dictionnaire, peux-tu me prêter (ton dictionnaire)? ---

f. Si tu me racontes ton secret, je te raconterais (mon secret). ---

g. J'ai les yeux bleus, (vos yeux) sont marrons. -----------

h. Ma maison se trouve au bord d'un lac, (leur maison) par contre est en ville. ----

i. Elle a pris ma voiture pour aller au travail car (sa voiture) est en panne. ----

j. Mon erreur est plus grave que (ton erreur). -----------

k. Vos enfants sont vraiment sages, (nos enfants) sont de vrais petits diables. ----

l. Ma correspondante est allemande, (sa correspondante) est autrichienne. ----

m. J'ai retrouvé mes clés mais j'ai perdu (leurs clés). -----------

n. Son entraînement est aussi dur et complet que (mon entraînement). --

o. Mon chien est de la même race que (son chien). -----------

16. LEUR OU LEURS Choose the correct term for each blank.

a. _ _ _ _ _ _ _ _ places d'avions sont réservées depuis trois mois.

b. Les patients attendent _ _ _ _ _ _ _ _ tour dans la salle d'attente.

c. Mes amis sont partis en vacances. Je m'occupe de _ _ _ _ _ _ _ _ enfant.

d. Pour _ _ _ _ _ _ _ _ retour, nous prévoyons de donner une fête.

e. _ _ _ _ _ _ _ _ vacances font en effet office de voyage de noces.

f. Je _ _ _ _ _ _ _ _ ai souhaité tout le bonheur du monde.

g. Ils ont emmenés _ _ _ _ _ _ _ _ chiens chez le vétérinaire.

h. Le professeur _ _ _ _ _ _ _ _ a donné de bons conseils avant de passer les examens.

i. _ _ _ _ _ _ _ _ exercices sont plutôt compliqués et fatigants.

j. Beaucoup d'enfants n'aiment pas prêter _ _ _ _ _ _ _ _ jouets.

k. _ _ _ _ _ _ _ _ fille est une excellente sportive.

l. Pour ce soir, je _ _ _ _ _ _ _ _ ai indiqué quelques bons restaurants.

m. _ _ _ _ _ _ _ _ voitures sont en panne, ils ont prit la mienne.

n. _ _ _ _ _ _ _ _ arrivée est prévue dans deux heures. Dépêchons-nous!

o. Je ne veux pas m'occuper de _ _ _ _ _ _ _ _ affaires!

Workout 17: a. donné b. aller c. raconter d. travailler e. préparé f. parler g. promener
h. rentré i. Arriver j. regardé k. Imité l. cessé m. manger n. rester o. écouter

17. LA BONNE TERMINAISON Circle the correct form.

a. Pour leur excursion, je leur ai **donner/donné** de quoi manger.

b. Je dois **aller/allé** chez le médecin.

c. Depuis la dernière fois, j'ai peu de nouvelles à te **raconter/raconté**.

d. Pour réussir ces examens, il faut vraiment beaucoup **travaillé/travailler**.

e. Il a **préparé/préparer** un excellent repas pour sa femme.

f. A part **parlé/parler** à tort et à travers, il ne fait rien de bon!

g. J'aime bien me **promener/promené** à la tombée de la nuit.

h. Leur fils est **rentrer/rentré** plus tard que prévu.

i. **Arriver/arrivé** en retard me rend nerveux.

j. Paul a **regarder/regardé** la télévision toute la nuit.

k. **Imiter/imité?** Il l'a été au moins dix fois.

l. Les enfants n'ont **cesser/cessé** de faire les fous.

m. Il a enfin fini de **mangé/manger**.

n. Il vaut mieux **resté/rester** à la maison. Il pleut.

o. Tu as le droit d' **écouter/écouté** la musique qui te plaît.

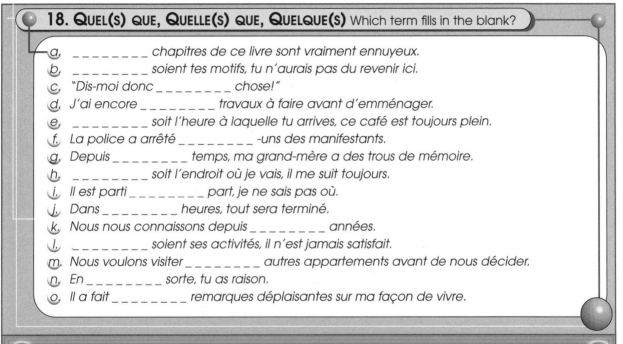

18. QUEL(S) QUE, QUELLE(S) QUE, QUELQUE(S) Which term fills in the blank?

a. _____ chapitres de ce livre sont vraiment ennuyeux.

b. _____ soient tes motifs, tu n'aurais pas du revenir ici.

c. "Dis-moi donc _____ chose!"

d. J'ai encore _____ travaux à faire avant d'emménager.

e. _____ soit l'heure à laquelle tu arrives, ce café est toujours plein.

f. La police a arrêté _____ -uns des manifestants.

g. Depuis _____ temps, ma grand-mère a des trous de mémoire.

h. _____ soit l'endroit où je vais, il me suit toujours.

i. Il est parti _____ part, je ne sais pas où.

j. Dans _____ heures, tout sera terminé.

k. Nous nous connaissons depuis _____ années.

l. _____ soient ses activités, il n'est jamais satisfait.

m. Nous voulons visiter _____ autres appartements avant de nous décider.

n. En _____ sorte, tu as raison.

o. Il a fait _____ remarques déplaisantes sur ma façon de vivre.

Workout 19: a. Fais-le tant que tu es en forme. b. Faites attention à ne pas dépenser trop d'argent.
c. Dites-nous ce que nous devons faire. d. Buvons à notre santé. e. Laissez-le enfin tranquille.
f. Ne roule pas si vite! Je ne me sens pas bien. g. N'en demande pas trop! Ils sont encore jeunes.

Workout 18: a. Quelques b. Quels que c. quelque d. quelques e. Quelle que f. quelques
g. quelque h. Quel que i. quelque j. quelques k. quelques l. Quelles que
m. quelques n. quelque o. quelques

19. DIS-LE-MOI! Translate into French!

a. Do it for as long as you feel on form.

----

b. Be careful not to spend too much money.

----

c. Tell us what we should do.

----

d. Let's drink to our health.

----

e. Leave him alone at last.

----

f. Don't drive so fast! I don't feel well.

----

g. Don't ask so much of them! They are still young.

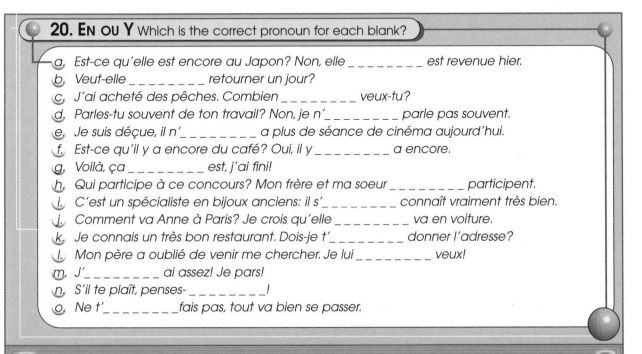

20. EN OU Y Which is the correct pronoun for each blank?

a. *Est-ce qu'elle est encore au Japon? Non, elle _ _ _ _ _ _ _ _ est revenue hier.*

b. *Veut-elle _ _ _ _ _ _ _ _ retourner un jour?*

c. *J'ai acheté des pêches. Combien _ _ _ _ _ _ _ _ veux-tu?*

d. *Parles-tu souvent de ton travail? Non, je n'_ _ _ _ _ _ _ _ parle pas souvent.*

e. *Je suis déçue, il n'_ _ _ _ _ _ _ _ a plus de séance de cinéma aujourd'hui.*

f. *Est-ce qu'il y a encore du café? Oui, il y _ _ _ _ _ _ _ _ a encore.*

g. *Voilà, ça _ _ _ _ _ _ _ _ est, j'ai fini!*

h. *Qui participe à ce concours? Mon frère et ma soeur _ _ _ _ _ _ _ _ participent.*

i. *C'est un spécialiste en bijoux anciens: il s'_ _ _ _ _ _ _ _ connaît vraiment très bien.*

j. *Comment va Anne à Paris? Je crois qu'elle _ _ _ _ _ _ _ _ va en voiture.*

k. *Je connais un très bon restaurant. Dois-je t'_ _ _ _ _ _ _ _ donner l'adresse?*

l. *Mon père a oublié de venir me chercher. Je lui _ _ _ _ _ _ _ _ veux!*

m. *J'_ _ _ _ _ _ _ _ ai assez! Je pars!*

n. *S'il te plaît, penses-_ _ _ _ _ _ _ _!*

o. *Ne t'_ _ _ _ _ _ _ _fais pas, tout va bien se passer.*

Workout 21: a. qui b. dont c. que d. Que e. quoi f. dont g. quoi h. quoi i. que
j. qui k. que l. dont m. dont n. que o. qu'

21. QUI, QUE, DONT, QUOI Choose the appropriate relative pronoun.

a. Voilà mon frère _ _ _ _ _ _ _ _ fait des études d'architecture.

b. La maladie _ _ _ _ _ _ _ _ elle souffre est incurable.

c. L'homme _ _ _ _ _ _ _ _ j'ai rencontré en voyage est plein d'humour.

d. _ _ _ _ _ _ _ _ veux-tu de moi?

e. Ce à _ _ _ _ _ _ _ _ elle s'intéresse en ce moment, ce sont les animaux exotiques.

f. Ce sont les enfants de la femme _ _ _ _ _ _ _ _ je t'ai parlé.

g. Il n'y a franchement pas de _ _ _ _ _ _ _ _ rire!

h. Ce à _ _ _ _ _ _ _ _ tu penses me laisse perplexe.

i. La communication satellite est un système _ _ _ _ _ _ _ _ je trouve génial.

j. Les familles _ _ _ _ _ _ _ _ ont des enfants bénéficient de tarifs préférentiels.

k. Le costume _ _ _ _ _ _ _ _ porte Jean a été acheté en Italie.

l. Le service _ _ _ _ _ _ _ _ il est responsable a des problèmes de fonctionnement.

m. La manière _ _ _ _ _ _ _ _ il bouge est très gracieuse.

n. C'est un film _ _ _ _ _ _ _ _ j'ai déjà vu trois fois.

o. Ce _ _ _ _ _ _ _ _ il m'a dit m'a blessé.

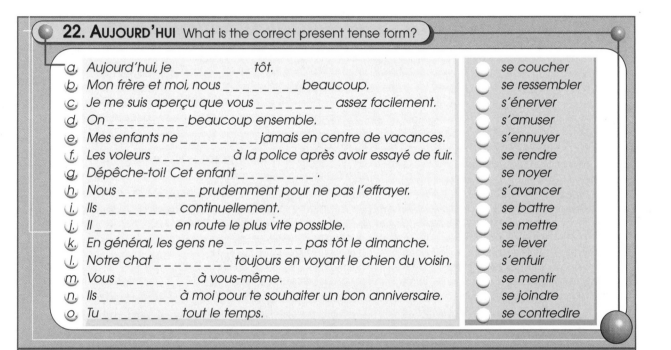

22. AUJOURD'HUI What is the correct present tense form?

a. Aujourd'hui, je _ _ _ _ _ _ _ _ tôt.
b. Mon frère et moi, nous _ _ _ _ _ _ _ _ beaucoup.
c. Je me suis aperçu que vous _ _ _ _ _ _ _ _ assez facilement.
d. On _ _ _ _ _ _ _ _ beaucoup ensemble.
e. Mes enfants ne _ _ _ _ _ _ _ _ jamais en centre de vacances.
f. Les voleurs _ _ _ _ _ _ _ _ à la police après avoir essayé de fuir.
g. Dépêche-toi! Cet enfant _ _ _ _ _ _ _ _ .
h. Nous _ _ _ _ _ _ _ _ prudemment pour ne pas l'effrayer.
i. Ils _ _ _ _ _ _ _ _ continuellement.
j. Il _ _ _ _ _ _ _ _ en route le plus vite possible.
k. En général, les gens ne _ _ _ _ _ _ _ _ pas tôt le dimanche.
l. Notre chat _ _ _ _ _ _ _ _ toujours en voyant le chien du voisin.
m. Vous _ _ _ _ _ _ _ _ à vous-même.
n. Ils _ _ _ _ _ _ _ _ à moi pour te souhaiter un bon anniversaire.
o. Tu _ _ _ _ _ _ _ _ tout le temps.

- se coucher
- se ressembler
- s'énerver
- s'amuser
- s'ennuyer
- se rendre
- se noyer
- s'avancer
- se battre
- se mettre
- se lever
- s'enfuir
- se mentir
- se joindre
- se contredire

Workout 23: a. meilleur b. affamé c. important d. bon e. excellent f. négligée g. occupé h. bon/bien i. proche j. blanche k. folles l. cher m. pire n. mignon o. épuisé/fatigué

Workout 22: a. me couche   b. nous ressemblons   c. vous énervez   d. s'amuse   e. s'ennuient
f. se rendent   g. se noie   h. nous avançons   i. se battent   j. se met   k. se lèvent   l. s'enfuit
m. vous mentez   n. se joignent   o. te contredis

23. LE BON MOT Translate the English adjectives.

a. Ce restaurant italien est _____ que celui d'à côté.

b. Ce bébé pleure car il est _____.

c. Il est très _____ de ne pas s'endormir au volant.

d. Il est arrivé au _____ moment.

e. Ce repas était _____.

f. Sa tenue est trop _____ même pour un tel événement.

g. Mon père est très _____ par son travail même le week-end.

h. Dans ce _____ restaurant, il faut _____ se conduire.

i. Nous prévoyons de déménager dans un _____ avenir.

j. La mariée portait une robe _____.

k. Cet artiste a vraiment de_____ idées .

l. Ce téléviseur est trop _____. Nous ne pouvons pas l'acheter.

m. Tu es vraiment _____ que moi!

n. Regarde ce chaton, il est si _____!

o. Je rentre à la maison. Je suis _____.

○ better
○ hungry
○ important
○ good
○ excellent
○ casual
○ busy
○ nice—well
○ near
○ white
○ crazy
○ expensive
○ worse
○ cute
○ exhausted

24. CE/SE, CES/SES Which word fits?

a. Les parents sont sortis. Les enfants font donc **se/ce** qu'ils veulent.

b. Paul est assez satisfait de **ses/ces** dessins.

c. **Ses/ces** tableaux sont des oeuvres de Picasso.

d. Les enfant **ce/se** sont enfin endormis.

e. **Ce/se** ticket de train est pour Paris et celui-là pour Bruxelles.

f. Range **se/ce** pull, il traîne déjà depuis une semaine!

g. **Ces/ses** oiseaux-là sont des perroquets.

h. **Ses/ces** héros sont des grands sportifs, les miens des acteurs.

i. Sais-tu **ce/se** que c'est?

j. **Se/ce** taire est parfois mieux qu'un grand discours.

k. Il ne peut pas **se/ce** souvenir de son rêve.

l. **Ses/ces** fruits sont excellents.

m. **Ses/ces** bâtiments font partis de mon université.

n. **Ce/se** sont des cartes d'entrée pour le musée de la bande dessinée.

o. Il adore **ces/ses** grands frères.

Workout 25: a. pendant b. vers c. pendant d. pour e. À f. en g. d'ici (à) h. avant
i. dès j. au k. après l. dans m. en n. jusqu' o. depuis

25. AVANT OU APRÈS Fill in the correct preposition of time.

a. Je suis resté dans ce pays _ _ _ _ _ _ _ longtemps.

b. Je pense que je reviendrais _ _ _ _ _ _ _ _ le 15 de ce mois.

c. Qu'allons nous faire _ _ _ _ _ _ _ _ les vacances?

d. Il est parti aux USA _ _ _ _ _ _ _ _ trois ans.

e. "_ _ _ _ _ _ _ _ minuit, vous devez être rentrés."

f. Les feuilles commencent à tomber _ _ _ _ _ _ _ _ automne.

g. Cette maquette doit être terminée _ _ _ _ _ _ _ _ la semaine prochaine.

h. Il a bien révisé _ _ _ _ _ _ _ _ de passer les examens.

i. Je te téléphonerai _ _ _ _ _ _ _ _ notre retour.

j. La vie renaît _ _ _ _ _ _ _ _ printemps.

k. Il faudrait se laver les dents _ _ _ _ _ _ _ _ chaque repas.

l. Revenez donc _ _ _ _ _ _ _ _ une semaine.

m. Albert Einstein est né _ _ _ _ _ _ _ _ 1879.

n. Reste _ _ _ _ _ _ _ _ au dîner.

o. Il est malade _ _ _ _ _ _ _ _ une semaine.

26. DU BON VIN Fill in the missing articles.

a. Hier, il y a eu une panne _ _ _ _ _ _ _ _ électricité.

b. En vacances, nous mangeons essentiellement _ _ _ _ _ _ _ _ poisson.

c. Je n'utilise que _ _ _ _ _ _ _ _ huile d'olive.

d. Mes parents sont des gens très appréciés. Ils ont beaucoup _ _ _ _ _ _ _ _ amis.

e. Il m'offre _ _ _ _ _ _ _ _ fleurs pour mon anniversaire tous les ans.

f. Veux-tu _ _ _ _ _ _ _ _ café ou _ _ _ _ _ _ _ _ thé?

g. Est-ce qu'il y a _ _ _ _ _ _ _ _ mayonnaise dans la salade du chef?

h. Je ne bois jamais _ _ _ _ _ _ _ _ alcool quand je conduis.

i. Que veux-tu boire? Il y a _ _ _ _ _ _ _ _ vin et _ _ _ _ _ _ _ _ bière.

j. Elle a reçu vraiment beaucoup _ _ _ _ _ _ _ _ jouets pour Noël.

k. Nous avons acheté _ _ _ _ _ _ _ _ pierres pour le jardin.

l. Il aime écouter _ _ _ _ _ _ _ _ musique classique avant de se coucher.

m. Pour être un excellent sportif, il faut aussi _ _ _ _ _ _ _ _ talent.

n. Il n'y a pas besoin _ _ _ _ _ _ _ _ sauce tomate pour cette recette.

o. Je bois un verre _ _ _ _ _ _ _ lait et mange _ _ _ _ _ _ _ tartines avec _ _ _ _ _ _ confiture.

Workout 27: a. Naturellement, il est arrivé en retard. b. Ce livre est le plus mauvais que je n'ai jamais lu.
c. Depuis hier, il se comporte drôlement. d. Ce film n'était pas mal, meilleur que l'autre.
e. Il nous a toujours accueilli très chaleureusement. f. Il court aussi vite qu'un lapin!
g. Elle est éperdument/passionnément amoureuse de lui.

27. TRADUISEZ Translate the following sentences.

a, *Naturally, he arrived late.*

----

b, *This book is the worst I have ever read.*

----

c, *He has behaved strangely since yesterday.*

----

d, *This movie wasn't bad, better than the other one.*

----

e, *He has always welcomed us very warmly.*

----

f, *He runs as fast as a hare!*

----

g, *She is passionately in love with him.*

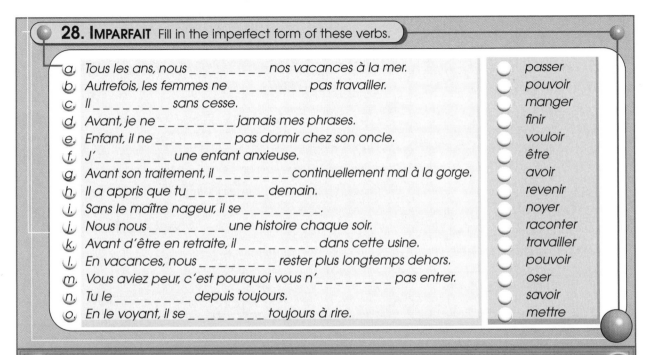

28. IMPARFAIT Fill in the imperfect form of these verbs.

a. Tous les ans, nous _ _ _ _ _ _ _ _ nos vacances à la mer.

b. Autrefois, les femmes ne _ _ _ _ _ _ _ _ pas travailler.

c. Il _ _ _ _ _ _ _ _ sans cesse.

d. Avant, je ne _ _ _ _ _ _ _ _ jamais mes phrases.

e. Enfant, il ne _ _ _ _ _ _ _ _ pas dormir chez son oncle.

f. J' _ _ _ _ _ _ _ _ une enfant anxieuse.

g. Avant son traitement, il _ _ _ _ _ _ _ _ continuellement mal à la gorge.

h. Il a appris que tu _ _ _ _ _ _ _ _ demain.

i. Sans le maître nageur, il se _ _ _ _ _ _ _ _.

j. Nous nous _ _ _ _ _ _ _ _ une histoire chaque soir.

k. Avant d'être en retraite, il _ _ _ _ _ _ _ _ dans cette usine.

l. En vacances, nous _ _ _ _ _ _ _ _ rester plus longtemps dehors.

m. Vous aviez peur, c'est pourquoi vous n' _ _ _ _ _ _ _ _ pas entrer.

n. Tu le _ _ _ _ _ _ _ _ depuis toujours.

o. En le voyant, il se _ _ _ _ _ _ _ _ toujours à rire.

- passer
- pouvoir
- manger
- finir
- vouloir
- être
- avoir
- revenir
- noyer
- raconter
- travailler
- pouvoir
- oser
- savoir
- mettre

Workout 29: a. ses b. ses c. son d. tes e. notre f. vos g. mon h. leurs i. sa
j. tes k. votre l. ta m. ma n. nos o. son

29. MON, TON, SON... Which is the correct possessive adjective?

a. Mon petit frère ne veut pas prêter _ _ _ _ _ _ _ _ affaires.

b. Chacun a _ _ _ _ _ _ _ _ problèmes.

c. Elle lui a donné _ _ _ _ _ _ _ _ adresse.

d. Tu dois ranger _ _ _ _ _ _ _ _ habits.

e. Nous prenons _ _ _ _ _ _ _ _ voiture pour aller au travail.

f. Regardez-vous souvent _ _ _ _ _ _ _ _ photos d'enfance?

g. Je vais me promener avec _ _ _ _ _ _ _ _ chien.

h. Ils sont inquiets car _ _ _ _ _ _ _ _ enfants sont malades.

i. Julie trouve _ _ _ _ _ _ _ _ poupée très jolie.

j. Tu fais vraiment _ _ _ _ _ _ _ _ courses tous les jours?

k. Vous travaillez régulièrement dans _ _ _ _ _ _ _ _ jardin.

l. Tu t'occupes bien de _ _ _ _ _ _ _ _ mère.

m. Je dois faire attention à _ _ _ _ _ _ _ _ petite soeur.

n. Nous avons sali _ _ _ _ _ _ _ _ chaussures.

o. On ne peut pas refuser _ _ _ _ _ _ _ _ aide à une personne en danger.

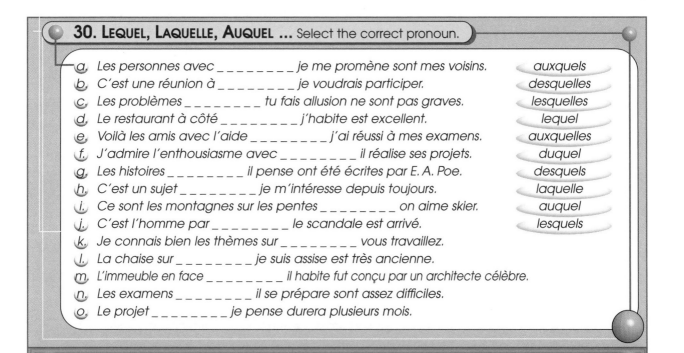

30. LEQUEL, LAQUELLE, AUQUEL ... Select the correct pronoun.

a. Les personnes avec _ _ _ _ _ _ _ _ je me promène sont mes voisins.

b. C'est une réunion à _ _ _ _ _ _ _ _ je voudrais participer.

c. Les problèmes _ _ _ _ _ _ _ _ tu fais allusion ne sont pas graves.

d. Le restaurant à côté _ _ _ _ _ _ _ _ j'habite est excellent.

e. Voilà les amis avec l'aide _ _ _ _ _ _ _ _ j'ai réussi à mes examens.

f. J'admire l'enthousiasme avec _ _ _ _ _ _ _ _ il réalise ses projets.

g. Les histoires _ _ _ _ _ _ _ _ il pense ont été écrites par E. A. Poe.

h. C'est un sujet _ _ _ _ _ _ _ _ je m'intéresse depuis toujours.

i. Ce sont les montagnes sur les pentes _ _ _ _ _ _ _ _ on aime skier.

j. C'est l'homme par _ _ _ _ _ _ _ _ le scandale est arrivé.

k. Je connais bien les thèmes sur _ _ _ _ _ _ _ _ vous travaillez.

l. La chaise sur _ _ _ _ _ _ _ _ je suis assise est très ancienne.

m. L'immeuble en face _ _ _ _ _ _ _ _ il habite fut conçu par un architecte célèbre.

n. Les examens _ _ _ _ _ _ _ _ il se prépare sont assez difficiles.

o. Le projet _ _ _ _ _ _ _ _ je pense durera plusieurs mois.

- auxquels
- desquelles
- lesquelles
- lequel
- auxquelles
- duquel
- desquels
- laquelle
- auquel
- lesquels

Workout 31: a. à b. au c. de d. chez e. en f. chez g. en h. de i. près
j. d' k. à l. par m. de n. pour o. à

Workout 30: a. lesquelles b. laquelle c. auxquels d. duquel e. desquels
f. lequel g. auxquelles h. auquel i. desquelles j. lequel k. lesquels l. laquelle
m. duquel n. auxquels o. auquel

31. CHEZ LE COIFFEUR Fill in the missing preposition.

a. Il mange _ _ _ _ _ _ _ _ des heures impossibles.

b. J'aime aller _ _ _ _ _ _ _ _ cinéma.

c. La ville _ _ _ _ _ _ _ _ Paris organise un concert sur le Champs de Mars.

d. Mon grand-père voudrait vivre _ _ _ _ _ _ _ _ nous.

e. Cette maison _ _ _ _ _ _ _ _ bois est magnifique.

f. Je me sens toujours mal à l'aise _ _ _ _ _ _ _ _ le dentiste.

g. Ces verres _ _ _ _ _ _ _ _ cristal appartiennent à ma grand-mère.

h. Il est vraiment quelqu'un _ _ _ _ _ _ _ _ gentil.

i. Nous habitons _ _ _ _ _ _ _ _ d'un bois.

j. Ce magasin _ _ _ _ _ _ _ _ antiquités a de vrais merveilles.

k. Je vais volontiers _ _ _ _ _ _ _ _ la piscine.

l. Nous nous rencontrons deux fois _ _ _ _ _ _ _ _ semaine.

m. L'avion _ _ _ _ _ _ _ _ Londres a deux heures de retard.

n. Je travaille _ _ _ _ _ _ _ _ mon plaisir.

o. Je voudrais parler _ _ _ _ _ _ _ _ mon père.

32. NON JAMAIS Rewrite these sentences in the negative.

a. Guillaume est toujours content quand il rencontre son frère.

----

b. Ce soir, j'ai envie d'aller au cinéma et au restaurant.

----

c. En hiver, ma mère sort avec des gants et avec une écharpe.

----

d. Dans ce magasin, Charlotte achète toujours quelque chose.

----

e. Ma soeur croit encore au Père Noël.

----

f. J'aime venir ici car je connais beaucoup de gens.

----

g. Il a déjà visité le musée des Arts Modernes de Paris.

Workout 33: a. lentement b. discrètement c. rapidement d. prudemment e. véhémentement
f. attentivement g. aveuglément h. fermement i. éperdument j. très habilement
k. gloutonnement l. gratuitement m. furtivement n. vaillamment o. réellement prudemment

33. ADVERBES What is the corresponding adverb?

a. Il parle toujours **d'une manière très lente**. -------

b. Nous devons agir **avec discrétion** pour ne pas être vu. -------

c. Les lapins courent **d'une manière rapide**. -------

d. Il travaille à ce projet **d'une façon prudente**. -------

e. Tu as cette fois-ci agi **avec véhémence**. -------

f. Cet enfant écoute l'instituteur **avec attention.** -------

g. Il le suit dans ces faits et gestes **d'une manière aveugle**. -------

h. Ce professeur parle **avec fermeté** aux étudiants. -------

i. Elle est **de façon éperdue** amoureuse de cette ville. -------

j. Il dessine depuis son enfance **d'une manière très habile**. -------

k. Ces animaux mangent **avec gloutonnerie**. -------

l. Nous participons à cette action **sans être payé**. -------

m. Il est passé hier à la maison **de façon** plutôt **furtive**. -------

n. Ce guerrier a combattu **avec vaillance**. -------

o. Elle avance sur ce chemin **avec une réelle prudence**. -------

34. COMPLÉTEZ Fill in the blanks, where appropriate.

a. J'ai fait _ _ _ _ _ _ _ _ études _ _ _ _ _ _ _ _ médecine.

b. Je suis donc maintenant _ _ _ _ _ _ _ _ médecin.

c. _ _ _ _ _ _ _ _ Paris est souvent considéré comme _ _ _ _ _ _ _ _ centre _ _ _ _ _ _ _ _ France.

d. C'est _ _ _ _ _ _ _ _ femme très intelligente qui a beaucoup _ _ _ _ _ _ _ _ succès.

e. Depuis cet événement, je suis emplie _ _ _ _ _ _ _ _ peur incontrôlable.

f. Il est souvent conseillé de ne pas perdre _ _ _ _ _ _ _ _ patience.

g. Cet enfant a _ _ _ _ _ _ _ _ yeux de _ _ _ _ _ _ _ _ père.

h. Ma grand-mère boit un verre _ _ _ _ _ _ _ _ vin par jour.

i. Il s'est cassé _ _ _ _ _ _ _ _ jambe en faisant du ski.

j. Nous avons acheté _ _ _ _ _ _ _ _ téléphone portable.

k. Lille est _ _ _ _ _ _ _ _ ville importante _ _ _ _ _ _ _ _ Nord de _ _ _ _ _ _ _ _ France.

l. _ _ _ _ _ _ _ _ France est _ _ _ _ _ _ _ _ pays touristique.

m. C'est _ _ _ _ _ _ _ _ livre _ _ _ _ _ _ _ _ grammaire allemande.

n. Malheureusement, il ne sort jamais sans _ _ _ _ _ _ _ _ cigarette.

o. Je voudrais acheter deux kilos _ _ _ _ _ _ _ _ pommes rainettes.

Workout 35: a. Où vas-tu tous les week-ends de Juillet? b. Qu'a lu Paul?
c. Combien d'enfants a ma voisine? d. A qui penses-tu souvent?
e. Par quoi avons-nous été séparé? f. Qu'est-ce que petit? g. Que regardait Anne?

35. LA BONNE QUESTION Ask the corresponding question.

a. Tu vas à la mer tous les week-ends de Juillet.

----

b. Paul a lu un roman policier passionnant.

----

c. Ma voisine a cinq enfants.

----

d. Tu penses souvent à ma grand-mère.

----

e. Nous avons été séparé par un événement inattendu.

----

f. Petit est le contraire de grand.

----

g. Anne regardait le chat jouant dans le jardin.

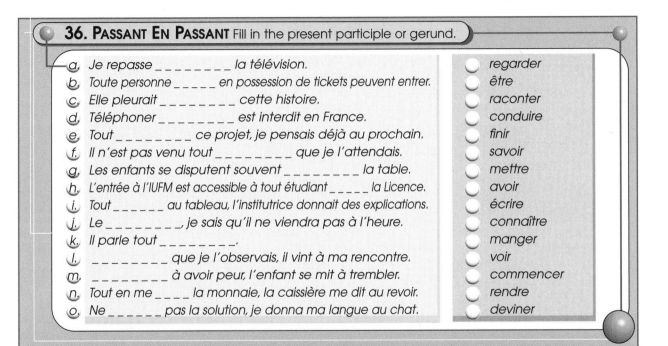

36. PASSANT EN PASSANT Fill in the present participle or gerund.

a. Je repasse _ _ _ _ _ _ _ _ la télévision.

b. Toute personne _ _ _ _ _ en possession de tickets peuvent entrer.

c. Elle pleurait _ _ _ _ _ _ _ _ cette histoire.

d. Téléphoner _ _ _ _ _ _ _ _ est interdit en France.

e. Tout _ _ _ _ _ _ _ _ ce projet, je pensais déjà au prochain.

f. Il n'est pas venu tout _ _ _ _ _ _ _ _ que je l'attendais.

g. Les enfants se disputent souvent _ _ _ _ _ _ _ _ la table.

h. L'entrée à l'IUFM est accessible à tout étudiant _ _ _ _ _ la Licence.

i. Tout _ _ _ _ _ _ au tableau, l'institutrice donnait des explications.

j. Le _ _ _ _ _ _ _ _, je sais qu'il ne viendra pas à l'heure.

k. Il parle tout _ _ _ _ _ _ _ _.

l. _ _ _ _ _ _ _ _ que je l'observais, il vint à ma rencontre.

m. _ _ _ _ _ _ _ _ à avoir peur, l'enfant se mit à trembler.

n. Tout en me _ _ _ _ la monnaie, la caissière me dit au revoir.

o. Ne _ _ _ _ _ _ pas la solution, je donna ma langue au chat.

- regarder
- être
- raconter
- conduire
- finir
- savoir
- mettre
- avoir
- écrire
- connaître
- manger
- voir
- commencer
- rendre
- deviner

Workout 37: a. Le temps n'était certes pas ensoleillé mais très chaud. b. Si je ne mange pas de sucrerie, par contre je mange volontiers des chips ou des cacahouètes. c. Je ne veux ni aller là-bas ni rester ici. d. Soit tu étudies soit tu m'aides. e. Je voudrais te rendre visite et vendredi et dimanche. f. Il veut rentrer à la maison car il est fatigué. g. L'enfant voulait continuer à regarder la télévision or il était l'heure d'aller au lit.

Workout 36: a. en regardant b. étant c. en racontant d. en conduisant e. en finissant
f. en sachant g. en mettant h. ayant i. en écrivant j. connaissant k. en mangeant
l. Voyant m. Commençant n. rendant o. devinant

37. MAIS - BUT Translate the following sentences.

a, *The weather was definitely not sunny but very hot.*

----

b, *While I don't eat sweet things, on the other hand, I'll happily eat chips or nuts.*

----

c, *I want neither to go there nor stay here.*

----

d, *Either you study or you help me.*

----

e, *I would like to visit you both Friday and Sunday.*

----

f, *He wants to go back home because he is tired.*

----

g, *The child wanted to keep watching television until it was time to go to bed.*

----

38. CONJUGAISON Give the correct form of the verb.

avoir

a. *je / passé simple* --→
b. *nous / futur simple* -------------------------------------→
c. *tu / présent du conditionnel* -------------------------→
d. *gérondif* ---→
e. *vous / plus-que-parfait* -------------------------------→
f. *ils / présent du subjonctif* ---------------------------→
g. *il / passé antérieur* ------------------------------------→
h. *vous / passé simple* -----------------------------------→
i. *nous / futur antérieur* ---------------------------------→
j. *tu / plus-que-parfait du subjonctif* ----------------→
k. *1ère pers. sing. / impératif* --------------------------→
l. *vous / imparfait* --→
m. *tu / passé composé* -----------------------------------→
n. *ils / futur antérieur* -----------------------------------→

Workout 39: a. trois cent quarante cinq mille b. cinq cents c. six cent un
d. vingt sept millions e. trente neuf milliards f. cinquante et un g. mille quatre cents

39. UN DEUX TROIS Write out these numbers in full.

a. 345 000

b. 500

c. 601

d. 27 000 000

e. 39 000 000 000

f. 51

g. 1400

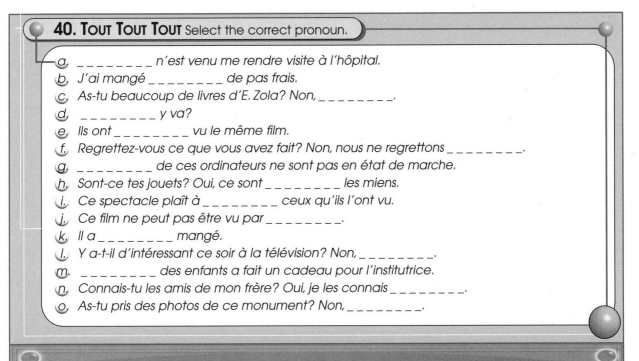

40. TOUT TOUT TOUT Select the correct pronoun.

a. _ _ _ _ _ _ _ _ n'est venu me rendre visite à l'hôpital.

b. J'ai mangé _ _ _ _ _ _ _ _ de pas frais.

c. As-tu beaucoup de livres d'E. Zola? Non, _ _ _ _ _ _ _ _.

d. _ _ _ _ _ _ _ _ y va?

e. Ils ont _ _ _ _ _ _ _ _ vu le même film.

f. Regrettez-vous ce que vous avez fait? Non, nous ne regrettons _ _ _ _ _ _ _ _.

g. _ _ _ _ _ _ _ _ de ces ordinateurs ne sont pas en état de marche.

h. Sont-ce tes jouets? Oui, ce sont _ _ _ _ _ _ _ _ les miens.

i. Ce spectacle plaît à _ _ _ _ _ _ _ _ ceux qu'ils l'ont vu.

j. Ce film ne peut pas être vu par _ _ _ _ _ _ _ _.

k. Il a _ _ _ _ _ _ _ _ mangé.

l. Y a-t-il d'intéressant ce soir à la télévision? Non, _ _ _ _ _ _ _ _.

m. _ _ _ _ _ _ _ _ des enfants a fait un cadeau pour l'institutrice.

n. Connais-tu les amis de mon frère? Oui, je les connais _ _ _ _ _ _ _ _.

o. As-tu pris des photos de ce monument? Non, _ _ _ _ _ _ _ _.

Workout 41: a. suis b. avons c. a d. a e. est f. est g. as h. est i. a j. avez
k. a l. As m. avons n. ont o. ont

Workout 40: a. Personne b. quelque chose c. pas un seul d. On e. tous f. rien
g. Quelques-uns h. tous i. tous j. tout le monde/tous k. tout l. rien
m. Chacun n. tous o. pas une seule/aucune

41. ETRE OU AVOIR Which is the correct auxiliary verb?

a. Je _ _ _ _ _ _ _ _ resté longtemps en Angleterre.

b. Hier, nous _ _ _ _ _ _ _ _ discuté pendant une heure.

c. Mon frère _ _ _ _ _ _ _ _ beaucoup grandi entre 14 et 16 ans.

d. Son fils _ _ _ _ _ _ _ _ pleuré toute la nuit.

e. Jacques _ _ _ _ _ _ _ _ venu passer quelques jours à la maison.

f. Johannes _ _ _ _ _ _ _ _ descendu de deux étages.

g. Avant-hier, tu _ _ _ _ _ _ _ _ bu trop de lait.

h. Ma grand-mère n' _ _ _ _ _ _ _ _ jamais sortie de France.

i. Il _ _ _ _ _ _ _ _ été malade tout le mois dernier.

j. Vous _ _ _ _ _ _ _ _ malencontreusement ouvert le courrier des voisins.

k. Monet _ _ _ _ _ _ _ _ peint de nombreux tableaux.

l. _ _ _ _ _ _ _ _ - tu finis ton dessert?

m. Nous _ _ _ _ _ _ _ _ eu une mauvaise note en histoire.

n. De peur, elles _ _ _ _ _ _ _ _ couru aussi vite qu'elles le purent.

o. Ils _ _ _ _ _ _ _ _ brûlé un feu rouge.

42. QUESTION Ask the corresponding question.

a, Je pars en voyage **dans une semaine**.

----

b, Cette personne souffre **de claustrophobie**.

----

c, Le tube à essai est bouché **par un bouchon de liège**.

----

d, **La Seine** est un fleuve qui coule à Paris.

----

e, La Thaïlande se trouve **dans la partie orientale du monde**.

----

f, Les personnes âgées ont souvent besoin **de lunettes** pour lire.

----

g, L'enfant a rêvé **qu'il était pilote de chasse**.

Workout 43: a. celui-là b. celle-ci - celle-là c. ceux d. celui-ci e. celle f. celles-là
g. ceux h. celui i. ceux j. ceux k. celles l. celui-ci - celui-là m. celles-là
n. celle o. celles-ci - celles-là

43. CELUI, CELLE, CELUI-CI, CELLE-CI Insert the correct demonstrative pronoun.

a. Je ne veux pas écouter ce disque-ci mais _ _ _ _ _ _ _ _ je veux bien.

b. Quelle robe veux-tu? _ _ _ _ _ _ _ _ ou _ _ _ _ _ _ _ _?

c. Les habitants d'un village sont moins stressés que _ _ _ _ _ _ _ _ d'une ville.

d. Je préfère ce pull-là à _ _ _ _ _ _ _ _ .

e. L'épouse de mon cousin vient d'Italie, _ _ _ _ _ _ _ _ de mon frère d'Irlande.

f. Ces assiettes-ci ne me plaisent pas mais _ _ _ _ _ _ _ _ oui.

g. Je joins mes voeux à _ _ _ _ _ _ _ _ de mes parents.

h. Ce livre est plus intéressant que _ _ _ _ _ _ _ _ lu par mon père.

i. Les restaurants de cette rue ne sont pas excellents mais _ _ _ _ _ _ _ _ là-bas le sont.

j. Mes gâteaux sont toujours moins réussis que _ _ _ _ _ _ _ _ de ma grand-mère.

k. Il aime particulièrement les pièces de Molière, elle _ _ _ _ _ _ _ _ de Gide.

l. Ces plats sont différents: _ _ _ _ _ _ _ _ est plutôt amer, _ _ _ _ _ _ _ _ plutôt salé.

m. Ces maisons-ci ont été construites par un architecte au contraire de _ _ _ _ _ _ _ _ .

n. J'ai aussi proposé une solution mais il a préféré _ _ _ _ _ _ _ _ de mon collègue.

o. Quelles boucles d'oreilles souhaites-tu pour ton anniversaire? _ _ _ _ _ _ _ ou _ _ _ _ _ _ .

44. COMPLÉTEZ Complete these sentences.

a. *Je crois que je commence _ _ _ _ _ _ _ comprendre.*

b. *_ _ _ _ _ _ _ te rendre à son bureau, il faut passer _ _ _ _ _ _ _ là.*

c. *Est-il apte _ _ _ _ _ _ _ passer son permis de conduire?*

d. *Cette comédie est _ _ _ _ _ _ _ mourir de rire.*

e. *Au lieu _ _ _ _ _ _ _ rester là _ _ _ _ _ _ _ ne rien faire, viens m'aider!*

f. *Il va prendre des cours d'anglais _ _ _ _ _ _ _ d'aller en Irlande.*

g. *Dans beaucoup de restaurants, il est maintenant interdit _ _ _ _ _ _ _ fumer.*

h. *_ _ _ _ _ _ _ mieux travailler, j'ai éteint la télévision.*

i. *Elle a fini _ _ _ _ _ _ _ lui pardonner.*

j. *Je partirais à condition _ _ _ _ _ _ trouver quelqu'un _ _ _ _ _ _ _ s'occuper des enfants.*

k. *Etes-vous prêt _ _ _ _ _ _ _ partir?*

l. *_ _ _ _ _ _ _ avoir mangé, il faut se laver les dents.*

m. *Il m'a encouragé _ _ _ _ _ _ _ continuer mes efforts.*

n. *Elle a répondu vite _ _ _ _ _ _ _ réfléchir.*

o. *Paul passait son temps _ _ _ _ _ _ _ lire les journaux.*

Workout 45: a. Les animaux purent prendre la fuite devant la forêt en feu. b. Ces timbres-poste proviennent d'Indonésie. c. Les oeufs que tu as utilisés n'étaient pas frais. d. Les faux bruits se répandirent à toute vitesse. e. Mes petits-fils voulurent m'accompagner. f. Elles firent réparer leurs bijoux. g. Les auberges de jeunesse ont été fermées sur ma décision.

45. Le Pluriel Put these sentences in the plural.

a. L'animal put prendre la fuite devant la forêt en feu.

----

b. Ce timbre-poste provient d'Indonésie.

----

c. L'oeuf que tu as utilisé n'était pas frais.

----

d. Le faux bruit se répandit à toute vitesse.

----

e. Mon petit-fils voulut m'accompagner.

----

f. Elle fit réparer son bijou.

----

g. L'auberge de jeunesse a été fermée sur ma décision.

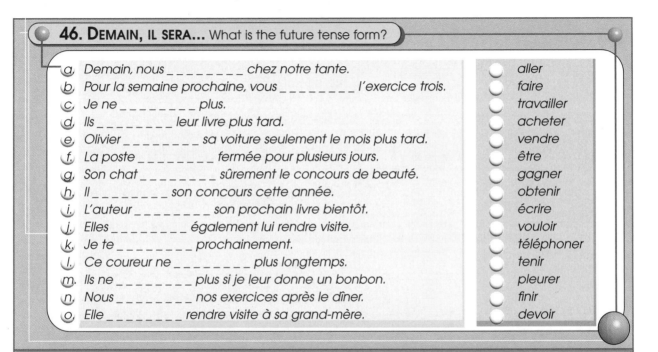

46. DEMAIN, IL SERA... What is the future tense form?

a. Demain, nous _ _ _ _ _ _ _ _ chez notre tante.

b. Pour la semaine prochaine, vous _ _ _ _ _ _ _ _ l'exercice trois.

c. Je ne _ _ _ _ _ _ _ _ plus.

d. Ils _ _ _ _ _ _ _ _ leur livre plus tard.

e. Olivier _ _ _ _ _ _ _ _ sa voiture seulement le mois plus tard.

f. La poste _ _ _ _ _ _ _ _ fermée pour plusieurs jours.

g. Son chat _ _ _ _ _ _ _ _ sûrement le concours de beauté.

h. Il _ _ _ _ _ _ _ _ son concours cette année.

i. L'auteur _ _ _ _ _ _ _ _ son prochain livre bientôt.

j. Elles _ _ _ _ _ _ _ _ également lui rendre visite.

k. Je te _ _ _ _ _ _ _ _ prochainement.

l. Ce coureur ne _ _ _ _ _ _ _ _ plus longtemps.

m. Ils ne _ _ _ _ _ _ _ _ plus si je leur donne un bonbon.

n. Nous _ _ _ _ _ _ _ _ nos exercices après le dîner.

o. Elle _ _ _ _ _ _ _ _ rendre visite à sa grand-mère.

- aller
- faire
- travailler
- acheter
- vendre
- être
- gagner
- obtenir
- écrire
- vouloir
- téléphoner
- tenir
- pleurer
- finir
- devoir

Workout 47: a. De nos jours, prendre l'avion n'est pas beaucoup plus cher que de prendre le train.
b. Ses résultats s'améliorent de jours en jours. c. Ce plat n'est pas plus mauvais que l'autre.
d. Elle pense que les meilleurs fromages sont les fromages français. e. Le TGV est le train le plus rapide de
France. f. Elle devient de plus en plus belle. g. Elle est tout aussi rapide que son frère.

Workout 46: a. irons b. ferez c. travaillerai d. achèteront e. vendra f. sera
g. gagnera h. obtiendra i. écrira j. voudront k. téléphonerai l. tiendra
m. pleureront n. finirons o. devra

47. COMPARONS DONC! Translate the following sentences.

a. These days, flying is not much more expensive than taking the train.

----

b. Its results improve from day to day.

----

c. This dish is not much worse than the other.

----

d. She thinks that the best cheeses are French cheeses.

----

e. The TGV is the fastest train in France.

----

f. She is growing more and more beautiful.

----

g. She is as quick as her brother.

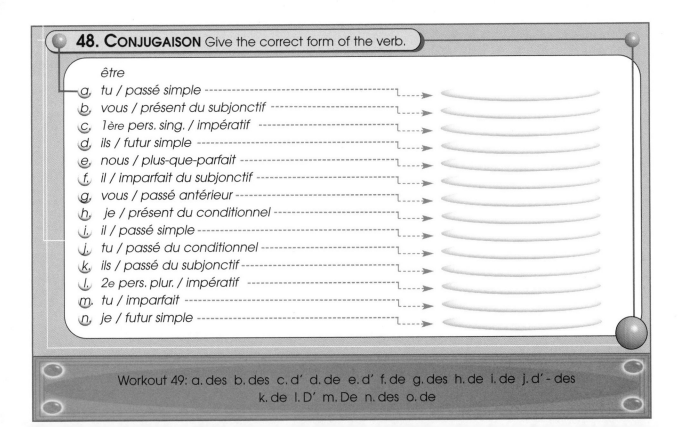

48. CONJUGAISON Give the correct form of the verb.

être

a. tu / passé simple ----------------------------→

b. vous / présent du subjonctif ----------------------------→

c. 1ère pers. sing. / impératif ----------------------------→

d. ils / futur simple ----------------------------→

e. nous / plus-que-parfait ----------------------------→

f. il / imparfait du subjonctif ----------------------------→

g. vous / passé antérieur ----------------------------→

h. je / présent du conditionnel ----------------------------→

i. il / passé simple ----------------------------→

j. tu / passé du conditionnel ----------------------------→

k. ils / passé du subjonctif ----------------------------→

l. 2e pers. plur. / impératif ----------------------------→

m. tu / imparfait ----------------------------→

n. je / futur simple ----------------------------→

Workout 49: a. des b. des c. d' d. de e. d' f. de g. des h. de i. de j. d' - des
k. de l. D' m. De n. des o. de

49. DES, DE OU D' Select the correct word.

a. Les contes _ _ _ _ _ _ _ _ Frères Grimm sont connus dans le monde entier.

b. Il revient justement _ _ _ _ _ _ _ _ Etats-Unis.

c. Pouvez-vous me montrer _ _ _ _ _ _ _ _ autres modèles.

d. Je n'ai pas envie _ _ _ _ _ _ _ _ le voir ce soir.

e. Il est fatigué _ _ _ _ _ _ _ _ avoir couru.

f. Ce sont _ _ _ _ _ _ _ _ beaux enfants.

g. Il raconte toujours _ _ _ _ _ _ _ _ histoires étranges.

h. Combien _ _ _ _ _ _ _ _ morceaux as-tu déjà mangé?

i. C'est une voiture _ _ _ _ _ _ _ _ tout premier ordre.

j. Les Pyramides _ _ _ _ _ _ _ _ Egypte sont _ _ _ _ _ _ _ _ lieux très visités.

k. Nous avons _ _ _ _ _ _ _ _ nouveaux voisins.

l. _ _ _ _ _ _ _ _ après lui, il a toujours raison.

m. _ _ _ _ _ _ _ _ quoi parles-tu?

n. Ils se sont comportés comme _ _ _ _ _ _ _ _ brutes.

o. Il a obtenu _ _ _ _ _ _ _ _ bons résultats cette année.

50. ALLONS-Y! Do you know the correct command?

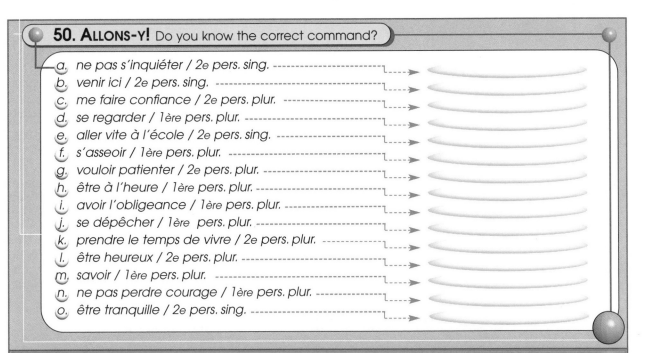

a. ne pas s'inquiéter / 2e pers. sing. --------------------- ⤳

b. venir ici / 2e pers. sing. --------------------- ⤳

c. me faire confiance / 2e pers. plur. --------------------- ⤳

d. se regarder / 1ère pers. plur. --------------------- ⤳

e. aller vite à l'école / 2e pers. sing. --------------------- ⤳

f. s'asseoir / 1ère pers. plur. --------------------- ⤳

g. vouloir patienter / 2e pers. plur. --------------------- ⤳

h. être à l'heure / 1ère pers. plur. --------------------- ⤳

i. avoir l'obligeance / 1ère pers. plur. --------------------- ⤳

j. se dépêcher / 1ère pers. plur. --------------------- ⤳

k. prendre le temps de vivre / 2e pers. plur. --------------------- ⤳

l. être heureux / 2e pers. plur. --------------------- ⤳

m. savoir / 1ère pers. plur. --------------------- ⤳

n. ne pas perdre courage / 1ère pers. plur. --------------------- ⤳

o. être tranquille / 2e pers. sing. --------------------- ⤳

Workout 51: a. eu ayant b. été étant c. dormi dormant d. découvert découvrant
e. connu connaissant f. vécu vivant g. dîné dînant h. fallu Ø i. pris prenant j. craint craignant
k. conduit conduisant l. souffert souffrant m. fait faisant n. dû/due devant o. mis mettant

Workout 50: a. Ne t'inquiètes pas! b. Viens ici! c. Faites-moi confiance! d. Regardons-nous!
e. Va vite à l'école! f. Asseyons-nous! g. Veuillez patienter! h. Soyons à l'heure! i. Ayons l'obligeance!
j. Dépêchons-nous! k. Prenez le temps de vivre! l. Soyez heureux! m. Sachons!
n. Ne perdons pas courage! o. Sois tranquille!

51. MANGÉ MANGEANT Give the two participles of each verb.

a. avoir - ➔

b. être - ➔

c. dormir - ➔

d. découvrir - - - - - - - - - - - - - - - - - - ➔

e. connaître - - - - - - - - - - - - - - - - - - ➔

f. vivre - ➔

g. dîner - ➔

h. falloir - ➔

i. prendre - ➔

j. craindre - - - - - - - - - - - - - - - - - - - ➔

k. conduire - - - - - - - - - - - - - - - - - - - ➔

l. souffrir - ➔

m. faire - ➔

n. devoir - ➔

o. mettre - ➔

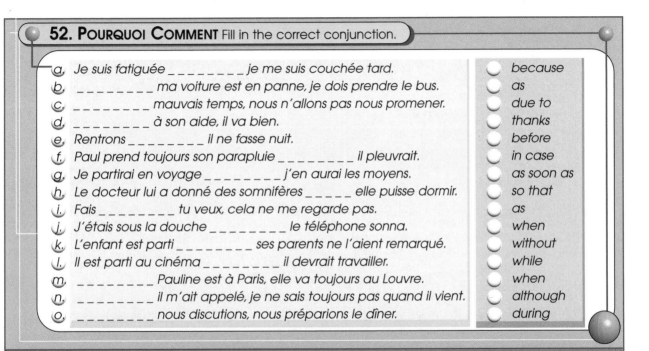

52. POURQUOI COMMENT Fill in the correct conjunction.

a. Je suis fatiguée _ _ _ _ _ _ _ _ _ je me suis couchée tard.

b. _ _ _ _ _ _ _ _ ma voiture est en panne, je dois prendre le bus.

c. _ _ _ _ _ _ _ _ mauvais temps, nous n'allons pas nous promener.

d. _ _ _ _ _ _ _ _ à son aide, il va bien.

e. Rentrons _ _ _ _ _ _ _ _ il ne fasse nuit.

f. Paul prend toujours son parapluie _ _ _ _ _ _ _ _ il pleuvrait.

g. Je partirai en voyage _ _ _ _ _ _ _ _ j'en aurai les moyens.

h. Le docteur lui a donné des somnifères _ _ _ _ _ elle puisse dormir.

i. Fais _ _ _ _ _ _ _ _ tu veux, cela ne me regarde pas.

j. J'étais sous la douche _ _ _ _ _ _ _ _ le téléphone sonna.

k. L'enfant est parti _ _ _ _ _ _ _ _ ses parents ne l'aient remarqué.

l. Il est parti au cinéma _ _ _ _ _ _ _ _ il devrait travailler.

m. _ _ _ _ _ _ _ _ Pauline est à Paris, elle va toujours au Louvre.

n. _ _ _ _ _ _ _ _ il m'ait appelé, je ne sais toujours pas quand il vient.

o. _ _ _ _ _ _ _ _ nous discutions, nous préparions le dîner.

- because
- as
- due to
- thanks
- before
- in case
- as soon as
- so that
- as
- when
- without
- while
- when
- although
- during

Workout 53: a. Aimes-tu lire des romans policiers? b. Ce livre raconte-t-il l'histoire des Indiens d'Amérique?
c. Est-il interdit de fumer dans ces bâtiments? d. Ton chien est-il un chien de pure race avec pedigree?
e. Avez-vous trouvé un appartement? f. Les prix ont-ils beaucoup augmenté cette année?
g. Jacques arrive-t-il de Paris par le train de 21 heures?

Workout 52: a. parce que b. Comme c. A cause du d. Grâce e. avant qu' f. au cas où
g. dès que h. pour qu' i. comme j. lorsque k. sans que l. alors qu'
m. Quand n. Bien qu' o. Pendant que

53. INTERROGATION DIRECTE Make direct questions from these sentences.

a. J'aime lire des romans policiers.

----

b. Ce livre raconte l'histoire des Indiens d'Amérique.

----

c. Il est interdit de fumer dans ces bâtiments.

----

d. Mon chien est un chien de pure race avec pedigree.

----

e. Nous avons trouvé un appartement.

----

f. Les prix ont beaucoup augmenté cette année.

----

g. Jacques arrive de Paris par le train de 21 heures.

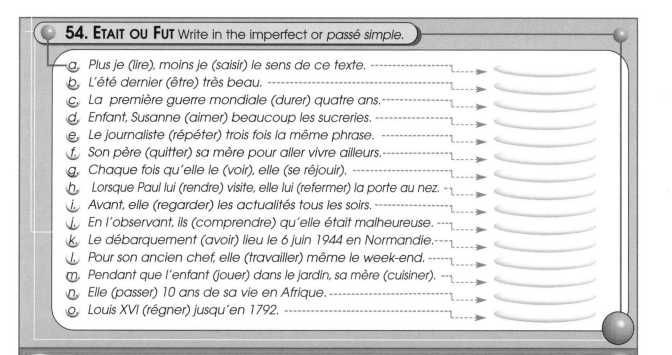

54. ETAIT OU FUT Write in the imperfect or *passé simple*.

a. Plus je (lire), moins je (saisir) le sens de ce texte.

b. L'été dernier (être) très beau.

c. La première guerre mondiale (durer) quatre ans.

d. Enfant, Susanne (aimer) beaucoup les sucreries.

e. Le journaliste (répéter) trois fois la même phrase.

f. Son père (quitter) sa mère pour aller vivre ailleurs.

g. Chaque fois qu'elle le (voir), elle (se réjouir).

h. Lorsque Paul lui (rendre) visite, elle lui (refermer) la porte au nez.

i. Avant, elle (regarder) les actualités tous les soirs.

j. En l'observant, ils (comprendre) qu'elle était malheureuse.

k. Le débarquement (avoir) lieu le 6 juin 1944 en Normandie.

l. Pour son ancien chef, elle (travailler) même le week-end.

m. Pendant que l'enfant (jouer) dans le jardin, sa mère (cuisiner).

n. Elle (passer) 10 ans de sa vie en Afrique.

o. Louis XVI (régner) jusqu'en 1792.

Workout 55: a. apprendrez b. écrit c. est d. crois - fera e. est venu f. obtiendra
g. suis h. irons i. a j. aime k. est - joue l. a duré m. a plu n. fait o. aimerait

Workout 54: a. lisais - saisissais   b. fut   c. dura   d. aimait   e. répéta   f. quitta
g. voyait - se réjouissait   h. rendit - referma   i. regardait   j. comprirent   k. eut
l. travaillait   m. jouait - cuisinait   n. passa   o. régna

55. UNE QUESTION DE TEMPS Choose the correct tense.

a. *Pour demain, vous* **appreniez/apprendrez** *la table de trois.*

b. *Ce stylo n'* **écrit/écrira** *plus.*

c. *V. Hugo* **est/fut** *un auteur encore apprécié.*

d. *Je* **croyais/crois** *qu'il* **fait/fera** *beau demain.*

e. *Il* **est venu/venait** *deux fois, hier.*

f. *Je suis sûr que mon frère* **obtint/obtiendra** *ce poste.*

g. *En cuisinant ce matin, je me* **suis/serai** *brûlé.*

h. *Cette année, nous* **irons/irions** *passer nos vacances à la mer.*

i. *Il* **a/avait** *bien dormi cette nuit.*

j. *Elle n'* **aime/aima** *pas conduire la nuit.*

k. *Son chat* **est/fut** *encore jeune, il* **jouait/joue** *énormément.*

l. *Le film* **a duré/durait** *plus de deux heures.*

m. *Le dernier jour des vacances, il* **a plu/pleuvait** *toute la journée.*

n. *Depuis le mois dernier, il* **fit/fait** *régulièrement des cauchemars.*

o. *Il* **aimerait/aime** *devenir acteur.*

56. A LA BONNE PLACE Put these words in the correct order.

a. pas | d' | je | me | avant | déjeuné | doucher | avoir | aime | n'

b. trois | ils | depuis | parabolique | ont | une | jours | antenne

c. de | le | donnes | possible | nouvelles | plus | tes | tôt

d. apprécié | toujours | les | il | mathématiques | a

e. ne | le | rendre | jamais | Paul | me | dimanche | vient | visite

f. plus | fonctionne | l' | très | imprimante | ne | bien

g. en | journaux | est | depuis | le | jours | marchand | parti | deux | vacances | de

Workout 57: a. veux b. avais c. gagne d. serait e. avait f. faisais g. lisais h. aurons i. cesse j. avaient k. regrettera l. aurions m. mens n. pouvez o. mettais

57. SI TU VEUX! Choose the correct tense.

a. Si tu le **veux/voulait**, nous irons au cinéma.

b. Si j' **aurais/avais** su, je ne serais pas venu.

c. Si je **gagne/gagnerai** à la loterie, je ferai le tour du monde.

d. Il **serait/est** vraiment très heureux s'il trouvait maintenant du travail.

e. Si le maître nageur n' **avait/ai** pas été là, il se serait noyé.

f. Si tu **fais/faisais** attention en classe, tu pourrais avoir de meilleurs notes.

g. Elle pense que si je **lisais/lirais** plus de journaux, je serais plus cultivé.

h. Si le professeur a déjà corrigé nos devoirs, nous les **aurons/avons** demain.

i. Si elle ne **cesse/cessait** de manger des bonbons, elle deviendra énorme.

j. Ils auraient divorcé s'ils n' **avaient/ont** pas fait de compromis.

k. Si Pauline ne nous accompagne pas, elle le **regrettera/regrette**.

l. Nous l' **aurions/avions** fait si cela avait été nécessaire.

m. Si tu **mens/mentais** sans arrêt, tu seras puni.

n. Si vous suivez mes conseils, vous ne **pouvez/pouviez** pas vous perdre.

o. Si tu te **mettais/mis** à hurler aussi fort que lui, je partirais tout de suite.

58. ACTIF - PASSIF Rewrite these sentences in the passive voice.

a. *La police a arrêté un suspect soupçonné de vol.*

----

b. *Un cuisinier renommé constituera le menu de cette festivité.*

----

c. *Un artisan a remis ces meubles en état.*

----

d. *Ma grand-mère a fait un excellent gâteau pour mon anniversaire.*

----

e. *Un bon journaliste a écrit cet article sur le festival de Cannes.*

----

f. *Sophie offre un livre à chacun de nous.*

----

g. *Un réalisateur peu connu tourne ce film dans les rues de Paris.*

Workout 59: a. dormir b. rester - enrhumer c. crier d. demandé e. joué - aller
f. apprécier - jouer g. déguisée h. oublier i. conseillé - laver j. écouter
k. excusés - dérangé l. venir m. réfléchir n. observer o. travailler

59. INFINITIF OU PASSÉ COMPOSÉ Which one is correct?

a. J'ai besoin de **dormir/dormi** au moins huit heures par nuit.

b. Ils ne doivent pas **rester/resté** dehors, ils vont **s'enrhumé/enrhumer**.

c. A force de **crier/crié**, elle n'a plus de voix.

d. Ils ont **demandé/demander** leur chemin à un policier.

e. L'enfant a beaucoup **jouer/joué** avant **d'allé/aller** dormir.

f. Paul semble **apprécié/apprécier jouer/joué** aux échecs.

g. La petite fille s'est **déguisée/déguiser** en clown pour le carnaval.

h. Il vaut mieux **oublié/oublier** ce qu'il a dit.

i. Il est **conseillé/conseiller** de se **lavé/laver** les dents après chaque repas.

j. Tu consens enfin à **l'écouter/écouté**.

k. Nous sommes **excusés/excuser** de l'avoir **dérangé/déranger** si tard.

l. Avez-vous envie de **venu/venir** nous voir?

m. La plupart du temps, il répond sans **réfléchir/réfléchi**.

n. Il aime **observer/observé** les étoiles.

o. Ils lui ont proposé de **travailler/travaillé** ensemble.

60. A LA BONNE PLACE Put these words in the correct order.

a. hier | a | le | plu | ai | film | que | beaucoup | regardé | j' | m'

b. plus | cette | il | jamais | ne | dans | retournera | région

c. jeux | camping | équipé | piscine | le | de | est | et | d' | une | d'un | les | terrain | pour | enfants

d. grand-père | Aline | pas | bien | ne | de | se | très | son | souvient

e. n' | toujours | la | sa | secrétaire | fait | tête | en | à | qu'

f. ma | au | soir | allons | restaurant | manger | rue | nous | trouve | dans | ce | se | qui

g. de | a | j' | une | loup | midi | ai | faim | toujours

61. AVANT OU APRÈS Are these adverbs in the correct position?

a. On parle **en Belgique** français, allemand et néerlandais.

b. **Lentement** je mange et je bois **vite**.

c. **Toujours** crier n'aide pas à se faire respecter.

d. Cette dame répond toujours **gentiment**.

e. Il est parti hier, **demain** il reviendra.

f. Il est fatigué, c'est pourquoi il a réagi **mal** à mes taquineries.

g. Depuis quelques jours, les voisins me regardaient **curieusement**.

h. Ce travail est **assez** intéressant.

i. Cet homme est en prison car il n'a pas agi à la loi **conformément**.

j. Il ne peut pas encore partir car ce dossier doit être **complètement** vérifié.

k. Nous avons de nombreux livres car nos parents ont lu **beaucoup**.

l. **Ici**, nous avons habité pendant 30 ans.

m. **Consciencieusement**, elle fait le travail qu'on lui a donné.

n. Pour sa sécurité, il faut **prudemment** conduire.

o. Sa conversation téléphonique a duré **longtemps**.

62. POINT VIRGULE Rewrite these sentences and include commas.

a. *Elle parle cinq langues le français l'espagnol l'anglais l'italien et le russe*

_____

b. *Quel mauvais temps nous avons eu hier*

_____

c. *Je veux m'acheter un pullover un pantalon et une robe et toi*

_____

d. *Paul ne croit pas que son frère viendra un jour lui rendre visite*

_____

e. *Son petit frère a dit hier son premier mot Maman*

_____

f. *Pendant les vacances mes parents font beaucoup de sport*

_____

g. *Le tremblement de terre fut terrible 20000 personnes sont sans abri*

_____

Workout 63: a. D'une part - d'autre part b. non seulement - mais encore c. mais d. Plus - moins e. c'est pourquoi f. donc g. Ainsi h. sinon i. en effet j. ni - ni k. car l. toutefois m. Ou - ou n. Tantôt - tantôt o. Plus - plus

63. COORDONNER Insert the conjunction in French.

a. _____ j'ai envie de venir_ _____ j'ai à faire.

b. Il est _____ bon en maths _____ bon en langues.

c. Le lapin est effrayé par la lumière _____ il ne fuit pas.

d. _____ j'y pense _____ j'en ai envie.

e. Charlotte est fatiguée, _____ elle est partie se coucher.

f. Il ne voulait plus être chômeur, il a _____ repris ses études.

g. _____ il avait plus de chance sur le marché du travail.

h. Il ne sort plus _____ il a mauvaise conscience.

i. Elles sont arrivées en retard, elles se sont _____ trompées de route.

j. Tu ne veux aller _____ au cinéma _____ au théâtre.

k. Nous ne sommes pas venu _____ la SNCF a fait grève.

l. Il a un handicap, _____ il ne se laisse pas abattre.

m. _____ tu en discutes avec moi _____ nous oublions ce sujet.

n. _____ il veut me voir _____ il refuse de me parler.

o. _____ je mange _____ j'ai faim.

on one hand/on the other

not only/but also

but

the more/the less

that's why

therefore

thus

otherwise

in fact

neither/nor

because

however

either/or

now/now

the more/the more

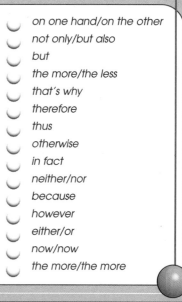

64. AFFIRMONS! Rewrite these sentences in the affirmative.

a. *Je pense que rien ne l'intéresse.*

----

b. *Cet enfant ne ment jamais à ses parents.*

----

c. *Elle ne pleure pas à cause de ses douleurs au ventre.*

----

d. *Je n'ai pas encore mangé ce soir.*

----

e. *Ni Pierre ni son frère ne sont déjà allés au musée.*

----

f. *Mes parents ne comprennent jamais rien.*

----

g. *Elle est sortie sans son ami et sans sa soeur.*

Workout 65: a. ce sont b. ce que c. qu' d. à quoi e. Ce sont f. dont g. c'est
h. que - qui i. c'est - qui j. Ce dont - ce sont k. ce qui - ce qui l. ce que
m. dont - c'est qu' n. laquelle o. eux

65. REMPLISSEZ LES BLANCS Fill in the blanks.

a. Ce qui est cher à New York, _ _ _ _ _ _ _ _ les loyers.

b. Mon chef n'écoute jamais _ _ _ _ _ _ _ _ je dis.

c. La robe _ _ _ _ _ _ _ _ elle m'a faite me plaît énormément.

d. Ce _ _ _ _ _ _ _ _ tu penses ne nous réjouit pas vraiment.

e. _ _ _ _ _ _ _ _ mes amis qui m'ont téléphoné hier soir.

f. Il a regardé le film _ _ _ _ _ _ _ _ je lui avais parlé.

g. Non, _ _ _ _ _ _ _ _ moi qui ai raison!

h. Mais lui, il pense _ _ _ _ _ _ _ _ c'est lui _ _ _ _ _ _ _ _ a raison.

i. As-tu mon livre? Non, _ _ _ _ _ _ _ _ ton frère _ _ _ _ _ _ _ _ l'a.

j. _ _ _ _ _ _ _ _ j'ai envie, _ _ _ _ _ _ _ _ des choux à la crème.

k. Un enfant ne sait pas toujours _ _ _ _ _ _ _ _ est bien et _ _ _ _ _ _ _ _ est mal.

l. Vous avez oublié tout _ _ _ _ _ _ _ _ je vous ai raconté?

m. Ce _ _ _ _ _ _ _ _ j'ai peur, _ _ _ _ _ _ _ _ il ne vienne pas.

n. C'est une conférence à _ _ _ _ _ _ _ _ nous voulons participer.

o. Ce sont _ _ _ _ _ _ _ _ qui ont rapporté les dossiers.

66. IL DIT Rewrite these sentences in indirect speech.

a. *Le passant me demande: "Où puis-je trouver un bureau de poste?"*

_____

b. *Nous affirmons: "Le nouveau tracé du TGV passera devant chez nous."*

_____

c. *Il me dira sûrement: "Une jeune fille de ton âge doit se méfier des garçons."*

_____

d. *Mon frère promet à ma mère: "J'irais en vacances avec la famille."*

_____

e. *Paul lui demande: "Est-ce-que tu es prêt?"*

_____

f. *Le professeur suggéra à ses élèves: "Lisez le chapitre 2 pour demain!"*

_____

g. *Elle se demande: "Dois-je ou non accepter ce travail?"*

_____

Workout 67: a. Object b. Subject c. Attribute d. Object e. Object f. Subject g. Attribute
h. Attribute i. Object j. Object k. Subject l. Attribute m. Subject n. Subject o. Subject

67. SUJET OBJET ATTRIBUT What is the function of the highlighted phrase?

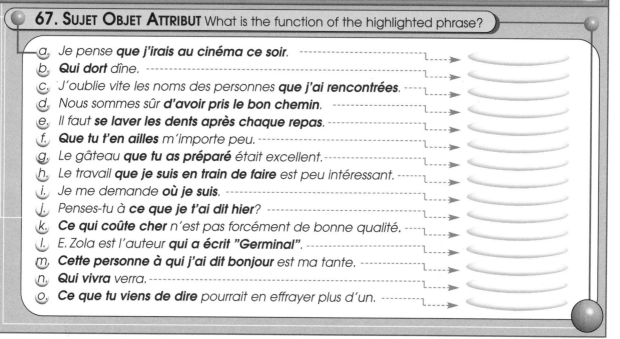

a. Je pense **que j'irais au cinéma ce soir**.

b. **Qui dort** dîne.

c. J'oublie vite les noms des personnes **que j'ai rencontrées**.

d. Nous sommes sûr **d'avoir pris le bon chemin**.

e. Il faut **se laver les dents après chaque repas**.

f. **Que tu t'en ailles** m'importe peu.

g. Le gâteau **que tu as préparé** était excellent.

h. Le travail **que je suis en train de faire** est peu intéressant.

i. Je me demande **où je suis**.

j. Penses-tu à **ce que je t'ai dit hier**?

k. **Ce qui coûte cher** n'est pas forcément de bonne qualité.

l. E. Zola est l'auteur **qui a écrit "Germinal"**.

m. **Cette personne à qui j'ai dit bonjour** est ma tante.

n. **Qui vivra** verra.

o. **Ce que tu viens de dire** pourrait en effrayer plus d'un.

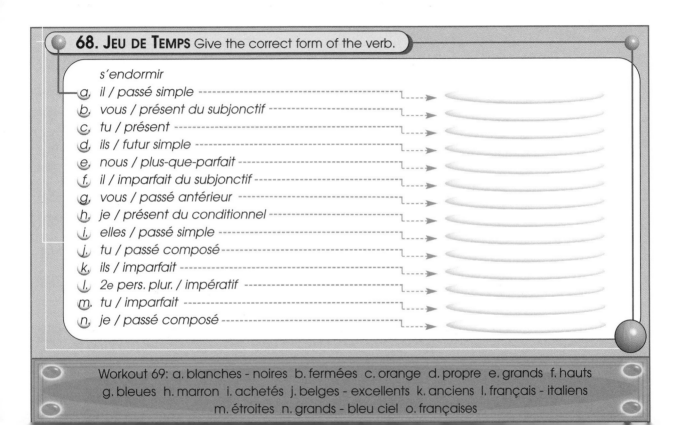

68. JEU DE TEMPS Give the correct form of the verb.

s'endormir

a. *il / passé simple* --➝

b. *vous / présent du subjonctif* ----------------------------➝

c. *tu / présent* --➝

d. *ils / futur simple* --➝

e. *nous / plus-que-parfait* ---------------------------------➝

f. *il / imparfait du subjonctif* ------------------------------➝

g. *vous / passé antérieur* ----------------------------------➝

h. *je / présent du conditionnel* ---------------------------➝

i. *elles / passé simple* --------------------------------------➝

j. *tu / passé composé* --------------------------------------➝

k. *ils / imparfait* --➝

l. *2e pers. plur. / impératif* -------------------------------➝

m. *tu / imparfait* ---➝

n. *je / passé composé* -------------------------------------➝

Workout 69: a. blanches - noires b. fermées c. orange d. propre e. grands f. hauts
g. bleues h. marron i. achetés j. belges - excellents k. anciens l. français - italiens
m. étroites n. grands - bleu ciel o. françaises

Workout 68: a. s'endormit b. que vous vous endormiez c. t'endormes d. s'endormiront
e. nous étions endormis f. s'endormît g. vous fûtes endormis h. m'endormirais i. s'endormirent
j. t'es endormi k. s'endormaient l. endormez-vous m. t'endormais n. me suis endormi

69. ADJECTIFS Insert the correct endings of these adjectives.

a. Mon chien a des tâches blanc... et noir... .

b. Il fait froid dans cette pièce bien que la porte et les fenêtres soient fermé... .

c. Je voudrais m'acheter des chaussures orange... .

d. Je n'ai plus un vêtement de propre... .

e. Il est petit bien que son père et sa mère soient grand... .

f. Ces arbres sont aussi haut... les uns que les autres.

g. Il porte toujours une chemise et une cravate bleu... .

h. Elle ne sait plus où elle a rangé ses chaussures marron... .

i. Pourquoi ne mets-tu pas le pull et la jupe acheté... hier.

j. Les chocolats belge... sont excellent... .

k. Cet immeuble et cette maison sont tous deux très ancien... .

l. Nous apprécions beaucoup les vins français... et italien... .

m. Il aime les rues et les cours étroit... de cette ville.

n. Ce bébé a de grand... yeux bleu... ciel... .

o. Julien aime la musique et la littérature français... .

70. LE BON CHOIX Translate the following sentences.

a. *Je suis désolée mais je ne peux pas venir ce soir.*

----

b. *Est-ce que tu sais nager depuis longtemps?*

----

c. *Dans ce restaurant, on ne peut plus fumer.*

----

d. *Nous voudrions partir en vacances.*

----

e. *Quelles raisons peut-il avoir?*

----

f. *La route est bloquée. Nous devons faire demi-tour.*

----

g. *Vous ne devez pas payer immédiatement.*

Workout 71: a. auras fini b. auront eu c. auront manqué d. serai arrivé e. auront mangé
f. sera sorti g. aura pris h. aurons reçu i. serez partis j. sera parvenu k. aurez perdu
l. auras appris m. sera rentré n. aura trouvé o. seront revenues

Workout 70: a. I am sorry, but I can't come this evening. b. Have you been able to swim for a long time?
c. There is no smoking in this restaurant. d. We would like to go on vacation. e. What reasons can he have?
f. The road is blocked. We have to make a U-turn.
g. You shouldn't pay right away.

71. LE FUTUR ANTÉRIEUR Put these verbs in the future perfect.

a. Quand tu _ _ _ _ _ _ , tu me feras signe!

b. J'espères qu'ils n' _ _ _ _ _ _ pas _ _ _ _ _ _ de retard.

c. Ils ne sont toujours pas là. Ils _ _ _ _ _ _ leur correspondance.

d. Aussitôt que je _ _ _ _ _ _ , je te préviendrai.

e. Dès que les enfants _ _ _ _ _ _ _ , j'irai me coucher.

f. Il espère qu'il _ _ _ _ _ _ avant moi.

g. Une fois qu'elle _ _ _ _ _ _ son petit-déjeuner, elle ira l'acheter.

h. Quand nous _ _ _ _ _ _ les résultats, nous vous appellerons.

i. Aussitôt que vous _ _ _ _ _ _ , nous irons au cinéma.

j. Après que le premier journal me _ _ _ _ _ , je paierai l'abonnement.

k. Une fois que vous _ _ _ _ _ _ , vous nous laisserez peut-être tranquille.

l. Quand tu _ _ _ _ _ _ ta leçon, tu pourras aller jouer.

m. Nous irons lui rendre visite aussitôt qu'il _ _ _ _ _ _ de vacances.

n. D'ici fin novembre, elle _ _ _ _ _ _ du travail.

o. Dès qu'elles _ _ _ _ _ _ , nous irons manger ensemble.

finir
avoir
manquer
arriver
manger
sortir
prendre
recevoir
partir
parvenir
perdre
apprendre
rentrer
trouver
revenir

72. UN ARTICLE: OUI NON LEQUEL? Which is correct?

a.
1. ⌣ se mettre un doigt dans l'oeil
2. ⌣ se mettre le doigt dans l'oeil
3. ⌣ se mettre les doigts dans les yeux

b.
1. ⌣ se casser la tête sur quelque chose
2. ⌣ se casser sa tête sur quelque chose
3. ⌣ se casser une tête sur quelque chose

c.
1. ⌣ faire les sourdes oreilles
2. ⌣ faire sourde oreille
3. ⌣ faire la sourde oreille

d.
1. ⌣ prendre le parti de quelqu'un
2. ⌣ prendre un parti de quelqu'un
3. ⌣ prendre parti de quelqu'un

e.
1. ⌣ faire une déclaration d'impôt
2. ⌣ faire sa déclaration d'impôt
3. ⌣ faire une déclaration d'impôts

f.
1. ⌣ mettre les pieds dans un plat
2. ⌣ mettre les pieds dans le plat
3. ⌣ mettre un pieds dans des plats

Workout 73: a. jeune fille b. cheveux magnifiques - jolis yeux c. langue française - langue difficile
d. mauvaise humeur e. sale temps f. grand homme g. notes excellentes h. propre fille i. fille curieuse
j. petit frère k. superbes tableaux l. autre solution m. pièces immenses n. école privée o. bonne santé

73. Où Donc? Match each sentence with the appropriate adjective.

a. *Cette fille me fait tourner la tête.*
b. *Elle a des cheveux et de si yeux.*
c. *La langue est une langue.*
d. *Céline est souvent de humeur.*
e. *Depuis deux jours, il fait vraiment un temps.*
f. *De Gaulle est considéré comme un homme.*
g. *Ses parents sont satisfaits car il a des notes à l'école.*
h. *Il a même puni sa fille.*
i. *C'est une fille. Elle épie même ses parents.*
j. *Mon frère n'a malheureusement pas dormi de la nuit.*
k. *Au Louvre, il y a de tableaux.*
l. *Avez-vous envisagé une solution?*
m. *Le château de Versailles a des pièces.*
n. *Cette école est très chère.*
o. *Il a toujours eu une santé.*

jeune
magnifiques - jolis
française - difficile
mauvaise
sale
grand
excellentes
propre
curieuse
petit
superbes
autre
immenses
privée
bonne

74. LE PASSIF Put the following sentences in the passive, where possible.

a. Des moines belges brassent cette bière brune.

----

b. Tout la ville ne parle que de cet événement.

----

c. On l'a élu à l'unanimité.

----

d. La presse locale a monté cet incident en épingle.

----

e. Les enfants croient à ces histoires.

----

f. Le contrôleur vérifia tous les extincteurs de l'immeuble.

----

g. Le peintre mis deux heures pour repeindre cette pièce.

Workout 74: a. Cette bière brune est brassée par des moines belges. b. impossible c. Il/elle a été élu l'unanimité. d. Cet incident a été monté en épingle par la presse locale. e. impossible f. Tous les extincteurs de l'immeuble furent vérifiés par le contrôleur. g. impossible

75. A CONDITION QUE Insert the verb in the correct tense.

a. Nous irons nous promener à condition qu'il _ _ _ _ _ _ _ _ beau.
b. Pourvu que tu _ _ _ _ _ _ _ _ !
c. Pourvu que ton passeport _ _ _ _ _ en règle, tu n'auras pas de problème.
d. Pourvu que vous le _ _ _ _ _ _ _ _, il sera juste avec vous.
e. A condition que tu me _ _ _ _ _ _ _ _ la vérité, je te pardonnerai.
f. Nous serons satisfaits à condition qu'ils nous _ _ _ _ _ _ _ _ tranquilles.
g. Nous nous en irons à condition que vous nous _ _ _ _ _ _ _ _.
h. Pourvu que tu _ _ _ _ _ _ _ _ tes leçons, l'exercice sera facile.
i. Pourvu que nous lui _ _ _ _ _ _ _ _ !
j. Je pourrais sortir à condition que je _ _ _ _ _ _ _ _ maintenant.
k. Ils sauveront leur peau à condition qu'ils _ _ _ _ _ _ _ _ tout de suite.
l. Les enfants pourront sortir pourvu qu'ils _ _ _ _ _ _ leur manteau.
m. Elles seront à l'heure à condition qu'elles _ _ _ _ _ _ _ _ le bus.
n. Pourvu qu'elle _ _ _ _ _ _ _ _ mon numéro, elle me téléphonera.
o. Pourvu que je _ _ _ _ _ _ _ _ à ma faim, je suis content.

faire
venir
être
respecter
dire
laisser
accompagner
apprendre
plaire
s'entraîner
fuir
mettre
prendre
connaître
manger

76. IMPARFAIT - PLUS QUE PARFAIT What is the appropriate verb form?

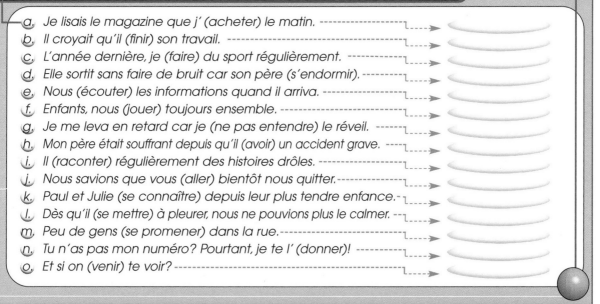

a. Je lisais le magazine que j' (acheter) le matin. ----→

b. Il croyait qu'il (finir) son travail. ----→

c. L'année dernière, je (faire) du sport régulièrement. ----→

d. Elle sortit sans faire de bruit car son père (s'endormir). ----→

e. Nous (écouter) les informations quand il arriva. ----→

f. Enfants, nous (jouer) toujours ensemble. ----→

g. Je me leva en retard car je (ne pas entendre) le réveil. ----→

h. Mon père était souffrant depuis qu'il (avoir) un accident grave. ----→

i. Il (raconter) régulièrement des histoires drôles. ----→

j. Nous savions que vous (aller) bientôt nous quitter. ----→

k. Paul et Julie (se connaître) depuis leur plus tendre enfance. ----→

l. Dès qu'il (se mettre) à pleurer, nous ne pouvions plus le calmer. ----→

m. Peu de gens (se promener) dans la rue. ----→

n. Tu n'as pas mon numéro? Pourtant, je te l' (donner)! ----→

o. Et si on (venir) te voir? ----→

Workout 77: a. Ma mère nous a donné des bonbons. b. Mais elle nous les a vite repris. c. L'art auquel il s'intéresse est l'art roman. d. Je suis fatiguée car j'ai peu dormi la nuit dernière. e. Ce thème est intéressant mais on en parle peu à la télévision. f. Le menu du jour de ce restaurant est excellent et peu cher. g. Ce chien est tellement peureux qu'il aboie sans cesse.

Workout 76: a. avais acheté b. avait fini c. faisais d. s'était endormi e. écoutions f. jouions
g. n'avais pas entendu h. avait eu i. racontait j. alliez k. se connaissaient l. s'était mis
m. se promenaient n. avais donné o. venait

77. DANS LE BON ORDRE Put these words in the correct order.

a. a bonbons ma nous donné mère des

b. les mais nous a elle repris vite

c. intéresse est art art auquel s' roman il l' l'

d. peu je la car ai suis dormi nuit fatiguée dernière j'

e. intéressant télévision ce est mais à peu on en parle thème la

f. restaurant le jour peu de excellent ce du est et menu cher

g. tellement chien qu' est cesse aboie peureux il ce sans

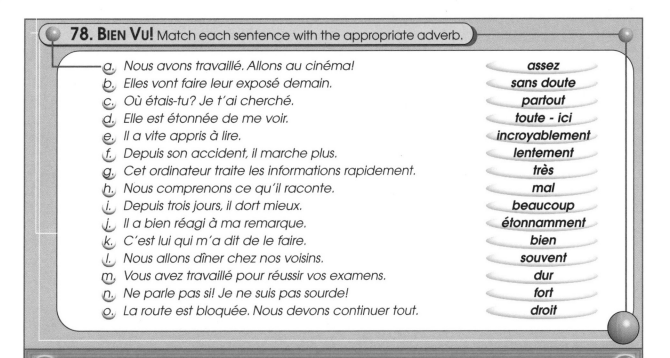

78. BIEN VU! Match each sentence with the appropriate adverb.

a. *Nous avons travaillé. Allons au cinéma!*

b. *Elles vont faire leur exposé demain.*

c. *Où étais-tu? Je t'ai cherché.*

d. *Elle est étonnée de me voir.*

e. *Il a vite appris à lire.*

f. *Depuis son accident, il marche plus.*

g. *Cet ordinateur traite les informations rapidement.*

h. *Nous comprenons ce qu'il raconte.*

i. *Depuis trois jours, il dort mieux.*

j. *Il a bien réagi à ma remarque.*

k. *C'est lui qui m'a dit de le faire.*

l. *Nous allons dîner chez nos voisins.*

m. *Vous avez travaillé pour réussir vos examens.*

n. *Ne parle pas si! Je ne suis pas sourde!*

o. *La route est bloquée. Nous devons continuer tout.*

assez
sans doute
partout
toute - ici
incroyablement
lentement
très
mal
beaucoup
étonnamment
bien
souvent
dur
fort
droit

Workout 79: a. dises b. a c. pénalisé d. terminiez e. réussirai f. mange g. a fait
h. allions i. ait j. soit k. aies l. habitue m. ait n. puisse o. est

Workout 78: a. assez travaillé b. sans doute faire c. cherché partout d. toute étonnée - voir ici
e. incroyablement vite f. plus lentement g. très rapidement h. comprenons mal i. beaucoup
mieux j. étonnamment bien k. bien lui l. souvent dîner m. travaillé dur n. si fort o. tout droit

79. LE BON MOT Which is correct?

a. J'aurais besoin que tu me **dises/dis** où je dois aller.

b. Je pense que son train **aie/a** du retard.

c. Il regrette de m'avoir **pénaliser/pénalisé**.

d. Il faut que vous **terminiez/terminez** ce rapport pour demain.

e. Mon père est sûr et certain que je **réussirai/réussisse** mon baccalauréat.

f. Selon le médecin, il est nécessaire que je **mangeai/mange** équilibré.

g. David reconnaît qu'elle **fera/a fait** beaucoup de progrès.

h. Il aimerait que nous **allons/allions** ensemble nous promener.

i. Nous restons amis bien qu'il m' **a/ait** ridiculisé devant notre chef.

j. Le patron s'étonne que le contrat ne **soit/fut** pas encore signé.

k. Tu resteras à table jusqu'à ce que tu **aies/as** fini ton assiette.

l. Il faudra du temps avant que je m' **habituais/habitue** au climat.

m. Caroline est navrée que son cousin **avait/ait** perdu.

n. Vous ne croyez pas qu'il **puisse/peut** avoir raison.

o. Je t'assure que tout **est/fut** prêt.

80. PASSIF-ACTIF Rewrite these sentences in the active voice.

a. Cette conférence internationale sera organisée par la faculté de politique.

----

b. Ce problème a été réglé plutôt rapidement.

----

c. Mes frais d'hospitalisation ont été pris en charge par la Sécurité sociale.

----

d. Il faudrait que le tracé du TGV soit tout d'abord approuvé.

----

e. La lettre fut écrite et signée par le directeur des services généraux.

----

f. Ce procédé de fabrication a été inventé en 1949.

----

g. Une autoroute à trois voies sera construite l'an prochain.

Workout 81: a. Rédiger un livre b. Travailler à l'ordinateur c. marcher d. Cuire un soufflé e. courir - nager
f. Oublier certains noms g. de fermer ce restaurant h. lire i. Peindre j. Choisir ses études k. Tailler les arbres
l. Traduire un texte m. accumuler un grand nombre n. Acheter à crédit o. Afficher des panneaux

81. NOM - INFINITIF Replace the highlighted nouns with infinitives.

a. **La rédaction** d'un livre peut prendre beaucoup de temps.

b. **Le travail** à l'ordinateur est plutôt néfaste pour les yeux.

c. Nous aimons **la marche** en forêt.

d. **La cuisson** d'un soufflé demande de l'attention.

e. Il n'est pas très sportif mais il aime quand même **la course** et **la nage**.

f. **L'oubli** de certains noms peut se révéler pénible.

g. On a ordonné **la fermeture** de ce restaurant pour manque d'hygiène.

h. En hiver, j'aime **la lecture** au coin du feu.

i. **La peinture** est le hobby de beaucoup de personnes.

j. **Le choix** de ses études est une étape importante.

k. **La taille** des arbres fruitiers est essentielle pour leur bonne santé.

l. **La traduction** d'un texte littéraire demande de la réflexion.

m. Son but: **l'accumulation** d'un grand nombre de points.

n. **L'achat** à crédit est de nos jours très répandu.

o. **L'affichage** de panneaux publicitaires est interdit ici.

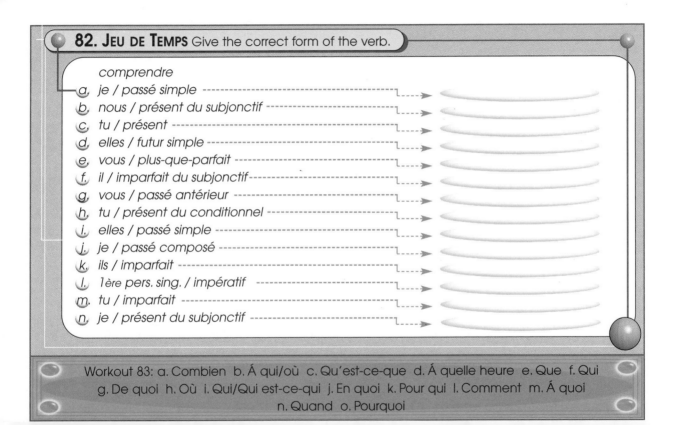

82. JEU DE TEMPS Give the correct form of the verb.

comprendre

a. *je / passé simple* ------------------------------------→
b. *nous / présent du subjonctif* -------------------→
c. *tu / présent* ---→
d. *elles / futur simple* -----------------------------→
e. *vous / plus-que-parfait* ----------------------→
f. *il / imparfait du subjonctif* ------------------→
g. *vous / passé antérieur* ---------------------→
h. *tu / présent du conditionnel* ----------→
i. *elles / passé simple* --------------------------→
j. *je / passé composé* -------------------------→
k. *ils / imparfait* -------------------------------------→
l. *1ère pers. sing. / impératif* --------------→
m. *tu / imparfait* -----------------------------------→
n. *je / présent du subjonctif* -----------------→

Workout 83: a. Combien b. Á qui/où c. Qu'est-ce-que d. Á quelle heure e. Que f. Qui
g. De quoi h. Où i. Qui/Qui est-ce-qui j. En quoi k. Pour qui l. Comment m. Á quoi
n. Quand o. Pourquoi

Workout 82: a. compris b. comprenions c. comprends d. comprendront e. aviez compris
f. comprît g. eûtes compris h. comprendrais i. comprirent j. ai compris k. comprenaient
l. comprends! m. comprenais n. comprenne

83. PRONOMS INTERROGATIFS Complete the following sentences.

a. _____ coûte l'aller-retour Lille-Paris?

b. _____ dois-je m'adresser pour obtenir cette information?

c. _____ tu fais?

d. _____ voulez-vous partir? A trois heures.

e. _____ veux-tu faire ce soir?

f. _____ a obtenu le prix Nobel de littérature?

g. _____ avez-vous discuté hier soir?

h. _____ se trouve le restaurant dans lequel vous avez mangé hier?

i. _____ a gagné le Tour de France cette année?

j. _____ est faite cette statue? En marbre?

k. _____ est ce cadeau?

l. _____ s'est-il blessé?

m. _____ penses-tu?

n. _____ comptez-vous revenir de voyage?

o. _____ ne m'a t-il pas prévenu de son retard?

84. PRONOMS RELATIFS Fill in the blanks.

a. La conférence _ _ _ _ _ _ _ _ je participe va se terminer tard.

b. Le pull _ _ _ _ _ _ _ _ ma grand-mère m'a tricoté ne me plaît pas.

c. La voiture _ _ _ _ _ _ _ _ je conduis est celle de mon frère.

d. La maison _ _ _ _ _ _ _ _ vous habitez a été construite en 1890.

e. Il joue dans un très bon film _ _ _ _ _ _ _ _ j'ai malheureusement oublié le nom.

f. Mon oncle est venu le jour _ _ _ _ _ _ _ _ j'étais fort malade.

g. C'est un lac magnifique autour _ _ _ _ _ _ _ _ il y a une grande forêt de sapins.

h. Le patron du bistro _ _ _ _ _ _ _ _ je mange chaque midi est un ami.

i. Le café _ _ _ _ _ _ _ _ il a préparé est trop fort.

j. Vous remarquerez _ _ _ _ _ _ _ _ j'ai raison cette fois-ci.

k. La société _ _ _ _ _ _ _ _ je fais allusions a déjà été privatisée.

l. C'est une eau de grande pureté _ _ _ _ _ _ _ _ peut être bue par tous.

m. Le chemin sur _ _ _ _ _ _ _ _ je me promène est pleins d'ornières.

n. La compétition _ _ _ _ _ _ _ _ nous participons est de bon niveau.

o. Les champs le long _ _ _ _ _ _ _ _ se trouve les menhirs lui appartiennent.

Workout 85: a. sans que b. alors que c. Quoi qu' d. à moins qu' e. tandis qu'
f. bien qu' g. Malgré que h. sans que i. Où que j. Quoique k. Á moins d' l. alors que
m. bien qu' n. Quoi que o. sans qu'

85. A MOINS QUE Select the appropriate expression.

a. Elle s'est fait percer les oreilles _ _ _ _ _ _ _ _ ses parents le sachent.

b. Je regarde la télévision _ _ _ _ _ _ _ _ je devrais réviser.

c. _ _ _ _ _ _ _ _ il dise, nous partirons.

d. Elle n'ira pas se promener _ _ _ _ _ _ _ _ il fasse très beau.

e. Mes parents travaillaient _ _ _ _ _ _ _ _ je faisais le ménage.

f. Il a un poste peu important _ _ _ _ _ _ _ _ il soit compétent.

g. _ _ _ _ _ _ _ _ le film ait reçu de mauvaises critiques, il m'a plu.

h. Notre chien s'est sauvé _ _ _ _ _ _ _ _ nous nous en apercevions.

i. _ _ _ _ _ _ _ _ je sois, il me trouve toujours.

j. _ _ _ _ _ _ _ _ vous l'ayez attendue, elle n'est pas venue.

k. _ _ _ _ _ _ _ _ insister, elle ne fera pas ce travail.

l. Il est petit _ _ _ _ _ _ _ _ tous les membres de sa famille sont grands.

m. Cet appareil ne fonctionne pas _ _ _ _ _ _ _ _ il soit neuf.

n. _ _ _ _ _ _ _ _ je fasse, tu n'es jamais satisfait.

o. Il a donné sa démission _ _ _ _ _ _ _ _ il soit au courant.

à moins que

où que

malgré que

sans que

à moins de

bien que

quoi que

alors que

quoique

tandis que

86. PASSIF Write in the required passive form of the verb.

a. Le chien (blesser). → *passé composé*

b. L'accusé (condamner) à trois mois de prison. → *passé simple*

c. Les arbres (abattre) pour manque de place. → *futur*

d. Cette édition (rééditer). → *présent*

e. Le ministre souhaite que les impôts (baisser). → *subj. présent*

f. Le témoin (interroger) par la police. → *plus-que-parfait*

g. L'immeuble (repeindre) par des professionnels. → *futur antérieur*

h. Le courrier (distribuer) par le concierge. → *présent*

i. La course (remporter) par un amateur. → *passé simple*

j. Ma voiture (vendre) par mon frère. → *futur*

k. Le sommet (atteindre) par trois alpinistes. → *plus-que-parfait*

l. Depuis des mois, il (observer) par un cardiologue. → *imparfait*

m. Cette camionnette (conduire) par un déménageur. → *passé composé*

n. La ville (conquérir) malgré ses remparts. → *passé simple*

o. Je souhaite que le favori (battre). → *subj. présent*

Workout 87: a. Je b. Personne c. que tu l'appelles d. Faire du sport e. Ma mère, mon père et mon frère
f. Paul g. Que je me sois trompé h. Le fait d'être appelé après 22h00 i. la manifestation j. que je rentre tard
k. un gigantesque embouteillage l. pleins de mésaventures m. je n. On o. il

87. Où EST-IL? Circle the subject in these sentences.

a. Je pense que Buenos Aires est une ville très accueillante.

b. Personne ne remarqua sa nouvelle coiffure.

c. Il est nécessaire que tu l'appelles ce soir.

d. Faire du sport est non seulement bon pour la santé mais aussi pour le moral.

e. Ma mère, mon père et mon frère m'ont rendus visite.

f. Paul est quelqu'un avec qui je peux discuter de mes problèmes.

g. Que je me sois trompé le remplit de joie.

h. Le fait d'être appelé après 22h00 ne me dérange pas trop.

i. Ainsi se déroula la manifestation.

j. Ça inquiète ma mère que je rentre tard.

k. Il s'est formé un gigantesque embouteillage sur la N.41.

l. Des années durant, il lui est arrivé pleins de mésaventures.

m. Bien qu'elle soit toujours aimable, je ne peux pas la supporter.

n. On a retrouvé son portefeuille.

o. De toutes les personnes regardant ce film, il est le seul à s'ennuyer.

88. SINGULIER OU PLURIEL Fill in the blanks with the correct French term.

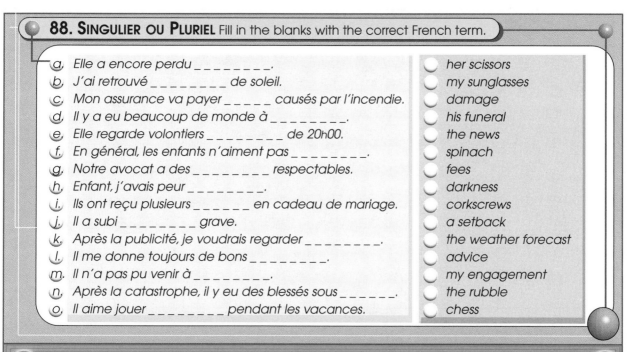

a. Elle a encore perdu _ _ _ _ _ _ _ _.   ○ her scissors
b. J'ai retrouvé _ _ _ _ _ _ _ _ de soleil.   ○ my sunglasses
c. Mon assurance va payer _ _ _ _ _ causés par l'incendie.   ○ damage
d. Il y a eu beaucoup de monde à _ _ _ _ _ _ _ _.   ○ his funeral
e. Elle regarde volontiers _ _ _ _ _ _ _ _ de 20h00.   ○ the news
f. En général, les enfants n'aiment pas _ _ _ _ _ _ _ _.   ○ spinach
g. Notre avocat a des _ _ _ _ _ _ _ _ respectables.   ○ fees
h. Enfant, j'avais peur _ _ _ _ _ _ _ _.   ○ darkness
i. Ils ont reçu plusieurs _ _ _ _ _ _ en cadeau de mariage.   ○ corkscrews
j. Il a subi _ _ _ _ _ _ _ _ grave.   ○ a setback
k. Après la publicité, je voudrais regarder _ _ _ _ _ _ _ _.   ○ the weather forecast
l. Il me donne toujours de bons _ _ _ _ _ _ _ _.   ○ advice
m. Il n'a pas pu venir à _ _ _ _ _ _ _ _.   ○ my engagement
n. Après la catastrophe, il y eu des blessés sous _ _ _ _ _ _.   ○ the rubble
o. Il aime jouer _ _ _ _ _ _ _ _ pendant les vacances.   ○ chess

Workout 89: a. rendre service b. le pour et le contre c. chance d. devenir
e. sévèrement f. a raison g. prends h. dois i. a changé j. Maintenant que
k. culture générale l. m'a appris m. changer d'avis n. fiers o. espères

Workout 88: a. ses ciseaux b. mes lunettes c. les dégâts d. ses funérailles e. les informations
f. les épinards g. des honoraires h. des ténèbres i. tire-bouchons j. un échec k. les
prévisions météorologiques l. conseils m. mes fiançailles n. les décombres o. aux échecs

89. TRADUIRE Translate the English phrase.

a. Peux-tu me _ _ _ _ _ _ _ _ _?

b. Après avoir pesé _ _ _ _ _ _ _ _ , je suis contre ta décision.

c. Mon fils a beaucoup de _ _ _ _ _ _ _ _.

d. J'aimerais _ _ _ _ _ _ _ _ chirurgien.

e. Pauline fut _ _ _ _ _ _ _ _ puni par ses parents.

f. D'après lui, il _ _ _ _ _ _ _ _ toujours _ _ _ _ _ _ _ _.

g. Je _ _ _ _ _ _ _ _ le train pour Paris demain.

h. Je ne _ _ _ _ _ _ _ _ pas rentrer après minuit.

i. Depuis son voyage, il _ _ _ _ _ _ _ _.

j. _ _ _ _ _ _ _ _ vous êtes arrivés, on peut manger.

k. Il manque de _ _ _ _ _ _ _ _.

l. C'est ma mère qui _ _ _ _ _ _ _ _ à lire.

m. Arrête de _ _ _ _ _ _ _ _!

n. Ils sont _ _ _ _ _ _ _ _ de moi.

o. Tu _ _ _ _ _ _ _ _ qu'il ne sera pas malade.

- do a favor
- the pros and the cons
- luck
- to become
- severely
- is right
- am taking
- ought
- has changed
- now that
- general knowledge
- taught me
- changing your mind
- proud
- hope

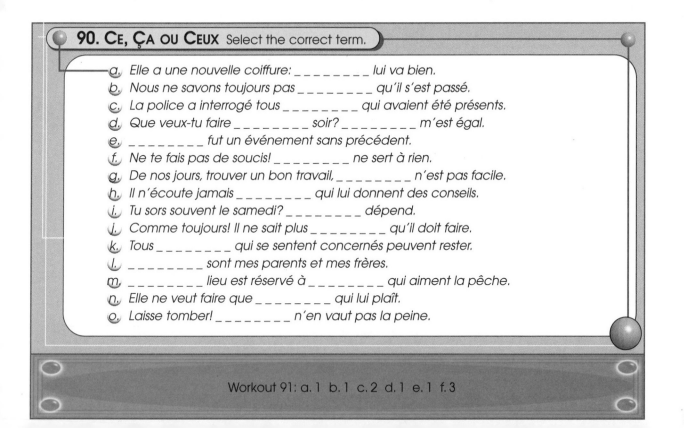

90. Ce, Ça ou Ceux Select the correct term.

a. *Elle a une nouvelle coiffure:* _ _ _ _ _ _ _ _ *lui va bien.*

b. *Nous ne savons toujours pas* _ _ _ _ _ _ _ _ *qu'il s'est passé.*

c. *La police a interrogé tous* _ _ _ _ _ _ _ _ *qui avaient été présents.*

d. *Que veux-tu faire* _ _ _ _ _ _ _ _ *soir?* _ _ _ _ _ _ _ _ *m'est égal.*

e. _ _ _ _ _ _ _ _ *fut un événement sans précédent.*

f. *Ne te fais pas de soucis!* _ _ _ _ _ _ _ _ *ne sert à rien.*

g. *De nos jours, trouver un bon travail,* _ _ _ _ _ _ _ _ *n'est pas facile.*

h. *Il n'écoute jamais* _ _ _ _ _ _ _ _ *qui lui donnent des conseils.*

i. *Tu sors souvent le samedi?* _ _ _ _ _ _ _ _ *dépend.*

j. *Comme toujours! Il ne sait plus* _ _ _ _ _ _ _ _ *qu'il doit faire.*

k. *Tous* _ _ _ _ _ _ _ _ *qui se sentent concernés peuvent rester.*

l. _ _ _ _ _ _ _ _ *sont mes parents et mes frères.*

m. _ _ _ _ _ _ _ _ *lieu est réservé à* _ _ _ _ _ _ _ _ *qui aiment la pêche.*

n. *Elle ne veut faire que* _ _ _ _ _ _ _ _ *qui lui plaît.*

o. *Laisse tomber!* _ _ _ _ _ _ _ _ *n'en vaut pas la peine.*

Workout 91: a.1 b.1 c.2 d.1 e.1 f.3

91. LA BONNE RÉPONSE Which is the correct answer?

a. ___ Pierre pense qu'il y

1. ○ a un avion pour Paris à 20 heures.
2. ○ eu un avion pour Paris à 20 heures.
3. ○ ait un avion pour Paris à 20 heures.

b. ___ Tous savent que la Terre

1. ○ tourne autour du soleil.
2. ○ tournait autour du soleil.
3. ○ tournera autour du soleil.

c. ___ Ses parents voulaient que

1. ○ je viens avec eux.
2. ○ je vienne avec eux.
3. ○ je venais avec eux.

d. ___ Pauline voudrait que

1. ○ son frère l'accompagne.
2. ○ son frère l'accompagnerai.
3. ○ son frère l'accompagnât.

e. ___ Nous regrettons que nous

1. ○ ne puissions dîner ensemble.
2. ○ ne pouvons dîner ensemble.
3. ○ ne pourrons dîner ensemble.

f. ___ Il a l'impression qu'il

1. ○ connaîtrai cette personne.
2. ○ connut cette personne.
3. ○ connaît cette personne.

92. INDIRECT Complete the sentence using indirect speech.

a. *"Je deviendrais célèbre."*
Il racontait _'.

b. *"Ma fille veut se marier."*
Il annonça _'.

c. *"Dépêche-toi de venir."*
Il lui avait ordonné _'.

d. *"Je prends des cours d'allemand."*
Elle m'a écrit _'.

e. *"Au moins tu n'auras pas tout perdu."*
Il avait répondu _'.

f. *"La situation s'améliorera."*
Le journaliste prévoyait _'.

g. *"Nous le ferons plus tard."*
Nous lui promirent_ _'.

h. *"Je ne suis pas d'accord."*
Elle dit_ _'.

Workout 93: a. de b. à - d' c. à d. d' e. de f. à - à g. à h. de i. de
j. de k. de l. à m. à n. à o. à

Workout 92: a. qu'il allait devenir célèbre. b. que sa fille voulait se marier. c. de se dépêcher de venir. d. qu'elle prenait des cours d'allemand. e. qu'au moins il n'aurait pas tout perdu. f. que la situation allait s'améliorer. g. que nous allons le faire plus tard. h. qu'elle n'est pas d'accord.

93. A OU DE Choose the correct preposition.

a. Excusez-moi _ _ _ _ _ _ _ _ vous avoir bousculé.

b. Il a promis _ _ _ _ _ _ _ _ son fils _ _ _ _ _ _ _ _ aller à la pêche avec lui.

c. Ce travail consiste _ _ _ _ _ _ _ _ téléphoner à tous nos clients.

d. Il a la certitude _ _ _ _ _ _ _ _ avoir raison.

e. Elle est gravement malade mais elle garde l'espoir _ _ _ _ _ _ _ _ guérir un jour.

f. Nous avons enseigné _ _ _ _ _ _ _ _ nos enfants _ _ _ _ _ _ _ _ respecter autrui.

g. Le moindre bruit suffit _ _ _ _ _ _ _ _ l'effrayer.

h. Depuis leur retraite, ils ont le loisir _ _ _ _ _ _ _ _ faire ce qu'ils veulent.

i. Sa soif _ _ _ _ _ _ _ _ vivre est insatiable.

j. Je n'ai pas encore eu la possibilité _ _ _ _ _ _ _ _ changer de travail.

k. Vous avez eu l'imprudence _ _ _ _ _ _ _ _ le déranger à une heure tardive.

l. C'est une enfant qui s'applique _ _ _ _ _ _ _ _ bien écrire.

m. Il songe _ _ _ _ _ _ _ _ arrêter ses études.

n. Ces mesures gouvernementales concourent _ _ _ _ _ _ _ _ calmer les mécontents.

o. Il a enfin renoncé _ _ _ _ _ _ _ _ vouloir démissionner.

94. TRADUISEZ Translate the English expression.

a. Elle a manqué l'école _ _ _ _ _ _ _ _ de santé.
b. Son _ _ _ _ _ _ l'économie mondiale est impressionnant.
c. _ _ _ _ _ _ _ _ l'ont encouragé.
d. Le chômage a augmenté _ _ _ _ _ _ _ _ 0,7% ce mois-ci.
e. De plus en plus de gens souffrent _ _ _ _ _ _ _ _ stress.
f. Elle est incapable de _ _ _ _ _ _ _ _.
g. _ _ _ _ _ _ _ _, nous partons en vacances.
h. _ _ _ _ _ _ _ _, j'y serais allé.
i. _ _ _ _ _ _ _ _, je me vengerai.
j. Un énorme _ _ _ _ _ _ _ _ s'est formé sur l'autoroute A9.
k. Sa situation financière est _ _ _ _ _ _ _ _.
l. Avec toi, c'est toujours _ _ _ _ _ _ _ _.
m. Il va _ _ _ _ _ _ _ _ arriver en retard.
n. Je n'ai que dix francs _ _ _ _ _ _ _ _.
o. Nous habitons _ _ _ _ _ _ _ _.

- ◯ on the grounds
- ◯ interest in
- ◯ many of them
- ◯ by
- ◯ from
- ◯ making a choice
- ◯ in a fortnight
- ◯ in your place
- ◯ this time
- ◯ traffic jam
- ◯ catastrophic
- ◯ the same
- ◯ undoubtedly
- ◯ on me
- ◯ near Chicago

Workout 95: a. Dans cette ville de Province, il n'y a rien à visiter. b. Nous n'avons toujours rien trouvé à offrir à nos amis. c. Le TGV Lille-Lyon n'est jamais en retard. d. Elle n'a jamais eu peur du noir. e. Mon père ne lit jamais de magazines scientifiques. f. Elle ne se borne jamais à faire le minimum. g. Je n'ai vu traîner tes clés nulle part.

Workout 94: a. pour raison b. intérêt pour c. Beaucoup d'entre eux d. de e. de
f. faire un choix g. Dans quinze jours h. A ta place i. Cette fois j. embouteillage
k. catastrophique l. la même chose m. sans doute n. sur moi o. près de Chicago

95. FORME NÉGATIVE Rewrite these sentences in the negative.

a, *Dans cette ville de Province, il y a beaucoup de choses à visiter.*

----

b, *Nous avons enfin trouvé quelque chose à offrir à nos amis.*

----

c, *Le TGV Lille-Lyon est constamment en retard.*

----

d, *Elle a toujours eu peur du noir.*

----

e, *Mon père ne lit que des magazines scientifiques.*

----

f, *Elle se borne toujours à faire le minimum.*

----

g, *J'ai vu traîner tes clés quelque part.*

----

96. INDÉFINI Complete these sentences.

a. La plupart du temps, elle dit _ _ _ _ _ _ _ _.

b. Je ne laisse jamais traîner mes affaires _ _ _ _ _ _ _ _.

c. Je lui ai dit de ne pas suivre _ _ _ _ _ _ _ _.

d. Ces lignes vont toutes à la gare. Tu peux prendre _ _ _ _ _.

e. Tu peux passer _ _ _ _ _ _ _ _. Ma porte est toujours ouverte.

f. Dans ce restaurant, on peut manger à _ _ _ _ _ _ _ _ heure.

g. Où veux-tu aller? Je ne sais pas, _ _ _ _ _ _ _ _.

h. C'est un vrai clown. Il s'habille _ _ _ _ _ _ _ _.

i. Dans certain pays, on ne peut pas porter _ _ _ _ _ _ _ _.

j. _ _ _ _ _ _ _ _ te dira que tu t'es trompé.

k. Il joue toujours _ _ _ _ _ _ _ _ aux cartes.

l. Quel stylo veut-il? _ _ _ _ _ _ _ _.

m. Cesse de raconter _ _ _ _ _ _ _ _!

n. Ne fais pas confiance à _ _ _ _ _ _ _ _!

o. J'ai une faim de loup. Je mangerai _ _ _ _ _ _ _ _.

n'importe quelle

n'importe comment

n'importe laquelle

n'importe qui

n'importe lequel

n'importe où

n'importe quoi

n'importe quand

Workout 97: a. Elle aimerait bien faire le tour du monde. b. Avec le numérique, l'image apparaît directement sur l'écran de l'appareil. c. De plus en plus de personnes surfent sur Internet. d. Le Parlement a définitivement adopté la loi sur les droits des concubins e. Elle a pris trois jours de congé car son fils est malade. f. La nouvelle collection de ce couturier est plutôt originale. g. Il s'est acheté une nouvelle voiture de sport très rapide.

Workout 96: a. n'importe quoi b. n'importe où c. n'importe qui d. n'importe laquelle e. n'importe quand
f. n'importe quelle g. n'importe où h. n'importe comment i. n'importe quoi j. N'importe qui
k. n'importe comment l. N'importe lequel m. n'importe quoi n. n'importe qui o. n'importe quoi

97. LE BON ORDRE Put these words in the correct order.

a. monde | elle | faire | le | bien | tour | aimerait | du

b. apparaît | numérique | le | l'image | directement | l'écran | avec | sur | de | l'appareil

c. de | de | personnes | sur | plus | plus | surfent | en | Internet

d. Parlement | a | le | loi | adopté | des | la | sur | droits | définitivement | les | concubins

e. a | trois | car | jours | elle | est | son | de | congé | pris | fils | malade

f. nouvelle | ce | originale | collection | couturier | plutôt | la | est | de

g. sport | il | une | acheté | de | s'est | très | voiture | nouvelle | rapide

98. CHERCHEZ L'ERREUR Can you correct the error in each sentence?

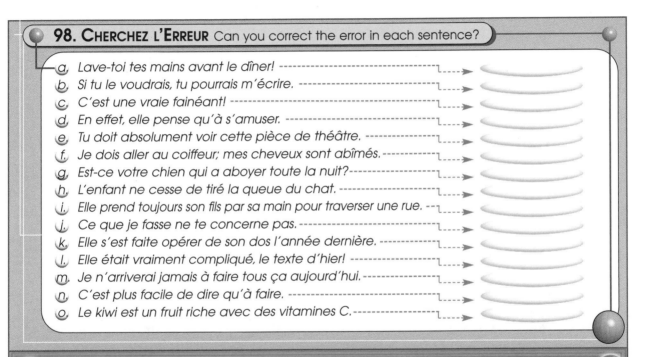

a. Lave-toi tes mains avant le dîner! --------------------------➔

b. Si tu le voudrais, tu pourrais m'écrire. --------------------➔

c. C'est une vraie fainéant! --------------------------------------➔

d. En effet, elle pense qu'à s'amuser. ----------------------------➔

e. Tu doit absolument voir cette pièce de théâtre. -----------➔

f. Je dois aller au coiffeur; mes cheveux sont abîmés. -------➔

g. Est-ce votre chien qui a aboyer toute la nuit?-------------➔

h. L'enfant ne cesse de tiré la queue du chat. ----------------➔

i. Elle prend toujours son fils par sa main pour traverser une rue. --➔

j. Ce que je fasse ne te concerne pas. ---------------------------➔

k. Elle s'est faite opérer de son dos l'année dernière. --------➔

l. Elle était vraiment compliqué, le texte d'hier! --------------➔

m. Je n'arriverai jamais à faire tous ça aujourd'hui.-----------➔

n. C'est plus facile de dire qu'à faire. ------------------------➔

o. Le kiwi est un fruit riche avec des vitamines C.-----------➔

Workout 99: a. interrompis b. interrompons c. interromprait d. interromprai e. avions interrompu f. interrompisses g. eurent interrompu h. auriez interrompu i. interrompirent j. ai interrompu k. interrompaient l. aurai interrompu m. interrompais n. interromps

99. CONJUGAISON What are the correct forms of the verb?

interrompre

a. tu / passé simple --→

b. nous / présent --→

c. il / présent du conditionnel ----------------------------------→

d. je / futur simple --→

e. nous / plus-que-parfait --------------------------------------→

f. tu / imparfait du subjonctif ----------------------------------→

g. ils / passé antérieur --→

h. vous / passé du conditionnel --------------------------------→

i. elles / passé simple --→

j. je / passé composé ---→

k. ils / imparfait --→

l. je / futur antérieur ---→

m. tu / imparfait ---→

n. je / présent ---→

a. Il (voyager) bien dans l'espace. ----------------→   **présent**

b. J' (aimer) aller à la Réunion. ----------------→   **présent**

c. On (préférer) prendre l'avion. ----------------→   **passé**

d. Nous (vouloir) acheter un ordinateur portable. ----→   **présent**

e. Les députés (examiner) cette loi. ----------------→   **passé**

f. Vous (devoir) lire plus souvent les journaux. ----→   **présent**

g. Si nous avions appris, nous (savoir) la réponse. ----→   **passé**

h. Au cas où tu (pouvoir) venir, fais moi signe! ----→   **présent**

i. Ça (valoir) le coup! ----------------→   **présent**

j. Nous (voir) mieux si le ciel était dégagé. ----→   **présent**

k. Il (falloir) qu'il soit de bonne humeur. ----→   **passé**

l. Vous (recevoir) bien vos amis. ----------------→   **présent**

m. Nous (payer) à temps si c'était possible. ----→   **présent**

n. Vous le (faire) si je le voulais! ----------------→   **présent**

o. Elle lui (plaire). ----------------→   **passé**

Workout 101: a. a défendu b. dura c. a remanié d. regardaient e. sommes allés
f. a été fondée g. lavait h. naquit/est né i. ai parié j. était k. se mit l. a téléphoné
m. avait n. ont beaucoup changé o. a conçu

Workout 100: a. voyagerait b. aimerais c. aurait préféré d. voudrions
e. auraient examiné f. devriez g. aurions su h. pourrais i. vaudrait j. verrions
k. aurait fallu l. recevriez m. paierions n. feriez o. aurait plu

101. PASSÉ SIMPLE/PASSÉ COMPOSÉ/IMPARFAIT Insert the verb in the correct tense.

a. Elle _ _ _ _ _ _ _ _ _ hier son avis devant la direction. — défendre

b. La construction de cette cathédrale _ _ _ _ _ plusieurs décennies. — durer

c. Le premier ministre _ _ _ _ _ le gouvernement après sa nomination. — remanier

d. Mes enfants _ _ _ _ _ _ _ _ toujours cette émission avec plaisir. — regarder

e. L'été dernier, nous _ _ _ _ _ _ _ _ en Australie. — aller

f. Cette organisation humanitaire _ _ _ _ _ _ _ _ il y a 15 ans. — être fondé

g. Au début du siècle, on _ _ _ _ _ _ _ _ le linge à la main. — laver

h. Molière _ _ _ _ _ _ _ _ en 1622. — naître

i. Je _ _ _ _ _ _ _ _ qu'il ne réussirait pas. — parier

j. La peste _ _ _ _ _ _ _ _ autrefois une maladie redoutée. — être

k. Il _ _ _ _ _ _ _ _ brusquement à parler. — se mettre

l. Elle lui _ _ _ _ _ _ _ _ trois fois dans la même journée. — téléphoner

m. Mon ancien chef _ _ _ _ _ _ _ _ l'art de m'énerver. — avoir

n. Les systèmes de télécommunication _ _ _ _ _ _ _ _ beaucoup. — changer

o. Il _ _ _ _ _ _ _ _ un nouveau logiciel de jeu. — concevoir

102. PRÉPOSITIONS Insert the correct preposition.

a. La cause _ _ _ _ _ _ _ _ sa maladie est encore inconnue.
b. Je lis beaucoup de journaux _ _ _ _ _ _ _ _ être bien informé.
c. Traduisez ce texte _ _ _ _ _ _ _ _ français.
d. Il ramasse tout ce qu'il trouve _ _ _ _ _ _ _ _ terre.
e. Ce restaurant se situe _ _ _ _ _ _ _ _ coin de ma rue.
f. Les experts restent indécis face _ _ _ _ _ _ _ _ ce problème.
g. Ma chambre mesure 4 mètres de large _ _ _ _ _ _ _ _ 4 mètres de long.
h. En France, on vend du muguet _ _ _ _ _ _ _ _ la rue le premier mai.
i. Les heures d'ouverture de la poste sont inscrits _ _ _ _ _ _ _ _ la porte.
j. Nous avons vu un reportage très intéressant _ _ _ _ _ _ _ _ la télévision.
k. Ma mère n'est jamais d'accord _ _ _ _ _ _ _ _ moi.
l. Elle lave toujours ses pulls en laine _ _ _ _ _ _ _ _ la main.
m. Le train va à Kansas City _ _ _ _ _ _ _ _ St. Louis.
n. Dans l'annuaire, les noms sont classés _ _ _ _ _ _ _ _ ordre alphabétique.
o. Il n'a pas su tirer profit _ _ _ _ _ _ _ _ son expérience.

Workout 103: a. y joue b. les avez-vous c. m'y suis d. les rencontrer e. en discuter
f. s'en rendent g. t'y réinscrire h. leur recommande i. en réjouissons j. le leur
k. y es-tu l. l'avez m. L'as-tu écrite? n. lui a acheté o. en bénéficie

103. NOM PRONOM Replace the highlighted phrase with a pronoun.

a. Ma grand-mère joue **aux cartes** depuis son enfance.

b. Pourquoi avez-vous ignoré **ses conseils**?

c. Je me suis inscrite **à des cours de théâtre**.

d. Ses parents ont voulu rencontrer **ses amis**.

e. Veux-tu discuter avec lui **de ton avenir**?

f. Tous se rendent compte **de l'importance de l'ordinateur**.

g. Tu dois te réinscrire **à l'université** ce mois-ci.

h. En avion, on recommande **aux passagers** de rester attaché durant le vol.

i. Nous nous réjouissons **que tu aies réussi tes examens**.

j. Je leur avait pourtant dit **de ne pas me déranger**.

k. Es-tu déjà allé **en Slovénie**?

l. Vous avez laissé tomber **votre portefeuille**.

m. As-tu écrit **ta rédaction**?

n. Il a acheté un livre **à sa mère**.

o. Cette entreprise bénéficie **d'une bonne réputation**.

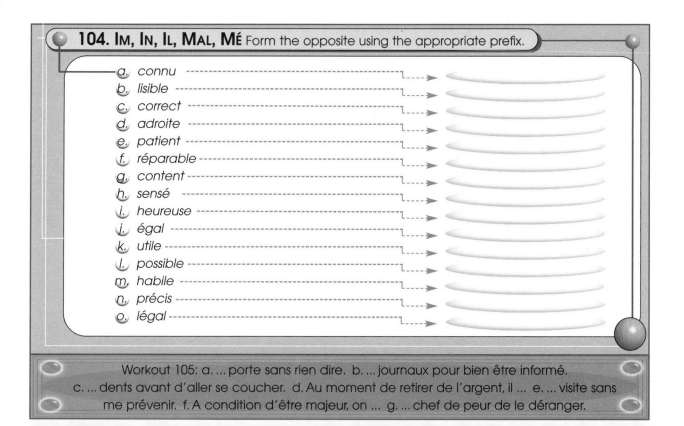

104. Im, In, Il, Mal, Mé Form the opposite using the appropriate prefix.

a. connu --------------------------------→
b. lisible --------------------------------→
c. correct -------------------------------→
d. adroite -------------------------------→
e. patient -------------------------------→
f. réparable -----------------------------→
g. content -------------------------------→
h. sensé ---------------------------------→
i. heureuse ------------------------------→
j. égal -----------------------------------→
k. utile -----------------------------------→
l. possible -------------------------------→
m. habile --------------------------------→
n. précis ---------------------------------→
o. légal ----------------------------------→

Workout 105: a. ... porte sans rien dire. b. ... journaux pour bien être informé.
c. ... dents avant d'aller se coucher. d. Au moment de retirer de l'argent, il ... e. ... visite sans
me prévenir. f. A condition d'être majeur, on ... g. ... chef de peur de le déranger.

Workout 104: a. inconnu, méconnu b. illisible c. incorrect d. maladroite e. impatient
f. irréparable g. mécontent h. insensé i. malheureuse j. inégal k. inutile l. impossible
m. malhabile n. imprécis o. illégal

105. SANS RIEN DIRE Join the sentences using the preposition provided.

a. Il a claqué la porte. Il n'a rien dit.   **sans**

_____

b. Il lit beaucoup de journaux. Il est bien informé.   **pour**

_____

c. Il n'oublie pas de se laver les dents. Il va se coucher.   **avant de**

_____

d. Il allait retirer de l'argent. Il oublia son code.   **au moment de**

_____

e. Il est venu me rendre visite. Il ne m'a pas prévenu.   **sans**

_____

f. On doit être majeur. On peut rentrer dans cette disco.   **à condition de**

_____

g. Il recule son entretien avec son chef. Il a peur de le déranger.   **de peur de**

_____

106. LA CONDITION Fill in the correct conditional form.

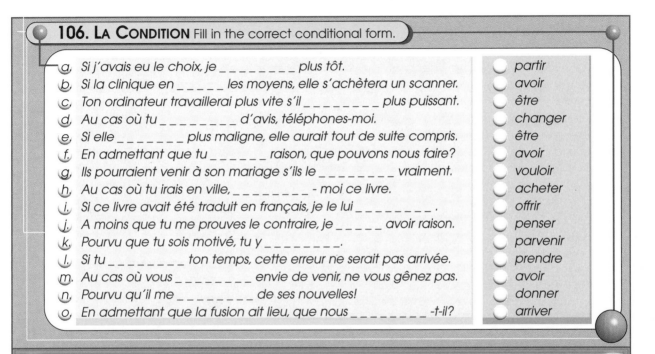

a. *Si j'avais eu le choix, je _ _ _ _ _ _ _ _ plus tôt.*
b. *Si la clinique en _ _ _ _ _ les moyens, elle s'achètera un scanner.*
c. *Ton ordinateur travaillerai plus vite s'il _ _ _ _ _ _ _ _ plus puissant.*
d. *Au cas où tu _ _ _ _ _ _ _ _ d'avis, téléphones-moi.*
e. *Si elle _ _ _ _ _ _ _ plus maligne, elle aurait tout de suite compris.*
f. *En admettant que tu _ _ _ _ _ _ raison, que pouvons nous faire?*
g. *Ils pourraient venir à son mariage s'ils le _ _ _ _ _ _ _ _ vraiment.*
h. *Au cas où tu irais en ville, _ _ _ _ _ _ _ _ - moi ce livre.*
i. *Si ce livre avait été traduit en français, je le lui _ _ _ _ _ _ _ _ .*
j. *A moins que tu me prouves le contraire, je _ _ _ _ _ avoir raison.*
k. *Pourvu que tu sois motivé, tu y _ _ _ _ _ _ _ _.*
l. *Si tu _ _ _ _ _ _ _ _ ton temps, cette erreur ne serait pas arrivée.*
m. *Au cas où vous _ _ _ _ _ _ _ _ envie de venir, ne vous gênez pas.*
n. *Pourvu qu'il me _ _ _ _ _ _ _ _ de ses nouvelles!*
o. *En admettant que la fusion ait lieu, que nous _ _ _ _ _ _ _ _ -t-il?*

- partir
- avoir
- être
- changer
- être
- avoir
- vouloir
- acheter
- offrir
- penser
- parvenir
- prendre
- avoir
- donner
- arriver

Workout 107: a. fut éteinte b. a été acheté c. était lu d. fut fait e. avaient été vendus
f. est planté g. est allumée h. fut critiqué i. est servi j. fut acquis k. étaient cueillis
l. fut mordue m. est moulu n. était extrait o. sera frit

Workout 106: a. serais parti b. a c. était d. changerais e. avait été f. aies g. voulaient
h. achètes i. aurais offert j. pense k. parviendras l. avais pris m. auriez
n. donne o. arrivera

107. LE LAIT A ÉTÉ BU Complete the passive form (without an agent).

a. J'éteignis la radio.

La radio _ _ _ _ _ _ _ _.

b. Il a acheté un manteau.

Un manteau _ _ _ _ _ _ _ _.

c. On lisait le journal.

Le journal _ _ _ _ _ _ _ _.

d. Nous fîmes l'exercice.

L'exercice _ _ _ _ _ _ _ _.

e. Ils avaient vendu plusieurs bibelots.

Plusieurs bibelots _ _ _ _ _ _ _ _.

f. Elle plante un rosier.

Un rosier _ _ _ _ _ _ _ _.

g. Anne allume la lumière.

La lumière _ _ _ _ _ _ _ _.

h. Ils critiquèrent Paul.

Paul _ _ _ _ _ _ _ _.

i. Ma tante sert le repas.

Le repas _ _ _ _ _ _ _ _.

j. Ils acquirent ce bien.

Ce bien _ _ _ _ _ _ _ _.

k. L'enfant cueillaient des fleurs.

Des fleurs _ _ _ _ _ _ _ _.

l. Il mordit sa soeur.

Sa soeur _ _ _ _ _ _ _ _.

m. Ma grand-mère moud le café.

Le café _ _ _ _ _ _ _ _.

n. Les mineurs extrayaient le charbon.

Le charbon _ _ _ _ _ _ _ _.

o. Elle frira le poisson.

Le poisson _ _ _ _ _ _ _ _.

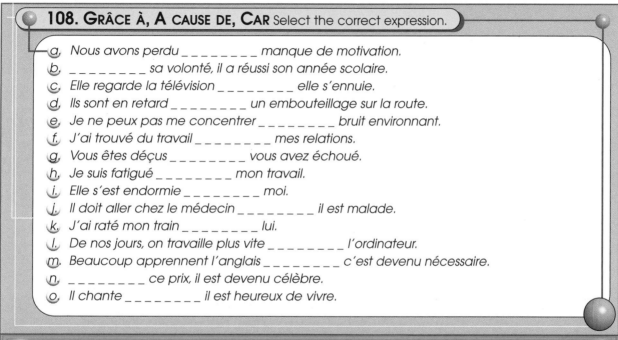

108. GRÂCE À, A CAUSE DE, CAR Select the correct expression.

a. Nous avons perdu _ _ _ _ _ _ _ _ manque de motivation.

b. _ _ _ _ _ _ _ _ sa volonté, il a réussi son année scolaire.

c. Elle regarde la télévision _ _ _ _ _ _ _ _ elle s'ennuie.

d. Ils sont en retard _ _ _ _ _ _ _ _ un embouteillage sur la route.

e. Je ne peux pas me concentrer _ _ _ _ _ _ _ _ bruit environnant.

f. J'ai trouvé du travail _ _ _ _ _ _ _ _ mes relations.

g. Vous êtes déçus _ _ _ _ _ _ _ _ vous avez échoué.

h. Je suis fatigué _ _ _ _ _ _ _ _ mon travail.

i. Elle s'est endormie _ _ _ _ _ _ _ _ moi.

j. Il doit aller chez le médecin _ _ _ _ _ _ _ _ il est malade.

k. J'ai raté mon train _ _ _ _ _ _ _ _ lui.

l. De nos jours, on travaille plus vite _ _ _ _ _ _ _ _ l'ordinateur.

m. Beaucoup apprennent l'anglais _ _ _ _ _ _ _ _ c'est devenu nécessaire.

n. _ _ _ _ _ _ _ _ ce prix, il est devenu célèbre.

o. Il chante _ _ _ _ _ _ _ _ il est heureux de vivre.

Workout 109: a. plusieurs de ces b. mains sales c. dernier Mohican d. mêmes chaussures
e. joli petit chat noir et blanc f. dernier sou - mois dernier g. histoires incroyables h. bonnes critiques
i. métal dur j. sale histoire k. prochain roman l. pauvre homme m. dur métier
n. nouveau magnétoscope o. voitures anciennes

Workout 108: a. à cause du b. Grâce à c. car d. à cause d' e. à cause du f. grâce à
g. car h. à cause de i. grâce à j. car k. à cause de l. grâce à m. car n. Grâce à
o. car

109. PLACE DE L'ADJECTIF Put the adjective in the correct place.

a. J'ai lu de ces livres. ----------------------------- ⌐---➤   **plusieurs**

b. Qu'as-tu fait pour avoir les mains? --------- ⌐---➤   **sales**

c. Il a joué dans le film "le Mohican". --------- ⌐---➤   **dernier**

d. Nous avons acheté les chaussures. --------- ⌐---➤   **mêmes**

e. On nous a donné un petit chat. ------------- ⌐---➤   **joli - noir et blanc**

f. Il a dépensé son sou le mois. --------------- ⌐---➤   **dernier - dernier**

g. Elle nous a raconté des histoires. ---------- ⌐---➤   **incroyables**

h. Cette pièce de théâtre a eu de critiques. --- ⌐---➤   **bonnes**

i. L'or n'est pas un métal. --------------------- ⌐---➤   **dur**

j. Il lui est arrivé une histoire. ----------------- ⌐---➤   **sale**

k. Le roman que j'achèterai sera une histoire policière. --- ⌐---➤   **prochain**

l. Il ne lui arrive que des malheurs. C'est un homme. --- ⌐---➤   **pauvre**

m. Mineur, c'est un métier. ------------------- ⌐---➤   **dur**

n. Nous nous sommes achetés un magnétoscope. --⌐---➤   **nouveau**

o. Sa passion, ce sont les voitures. ----------- ⌐---➤   **anciennes**

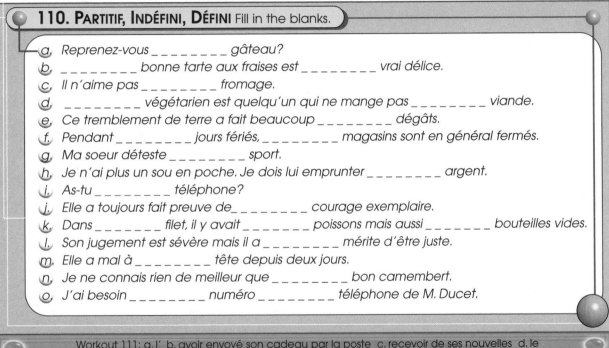

110. PARTITIF, INDÉFINI, DÉFINI Fill in the blanks.

a. Reprenez-vous _ _ _ _ _ _ _ _ gâteau?

b. _ _ _ _ _ _ _ _ bonne tarte aux fraises est _ _ _ _ _ _ _ _ vrai délice.

c. Il n'aime pas _ _ _ _ _ _ _ _ fromage.

d. _ _ _ _ _ _ _ _ végétarien est quelqu'un qui ne mange pas _ _ _ _ _ _ _ _ viande.

e. Ce tremblement de terre a fait beaucoup _ _ _ _ _ _ _ _ dégâts.

f. Pendant _ _ _ _ _ _ _ _ jours fériés, _ _ _ _ _ _ _ _ magasins sont en général fermés.

g. Ma soeur déteste _ _ _ _ _ _ _ _ sport.

h. Je n'ai plus un sou en poche. Je dois lui emprunter _ _ _ _ _ _ _ _ argent.

i. As-tu _ _ _ _ _ _ _ _ téléphone?

j. Elle a toujours fait preuve de_ _ _ _ _ _ _ _ courage exemplaire.

k. Dans _ _ _ _ _ _ _ _ filet, il y avait _ _ _ _ _ _ _ _ poissons mais aussi _ _ _ _ _ _ _ _ bouteilles vides.

l. Son jugement est sévère mais il a _ _ _ _ _ _ _ _ mérite d'être juste.

m. Elle a mal à _ _ _ _ _ _ _ _ tête depuis deux jours.

n. Je ne connais rien de meilleur que _ _ _ _ _ _ _ _ bon camembert.

o. J'ai besoin _ _ _ _ _ _ _ _ numéro _ _ _ _ _ _ _ _ téléphone de M. Ducet.

Workout 111: a. l' b. avoir envoyé son cadeau par la poste c. recevoir de ses nouvelles d. le
e. de l'embêter f. passer mon doctorat g. la possibilité de changer d'avis h. Ø i. la confiance j. le
k. la poursuivre en justice l. que la valeur de leurs actions a augmenté m. nos acquis obtenus l'an dernier
n. un superbe appartement avec vue sur la mer o. le livre dont elle ne cessait de parler

111. OBJET Circle the object in each sentence.

a. Sans parler de ce que l'on ne peut pas compter.

b. Elle affirme avoir envoyé son cadeau par la poste.

c. Nous espérons recevoir de ses nouvelles.

d. Est-ce que tu le lui a rendu?

e. Cesse de l'embêter!

f. Mon professeur m'a encouragé à passer mon doctorat.

g. Nous avons encore la possibilité de changer d'avis.

h. Il investit dans la bourse depuis quelques jours.

i. Cette relation doit être basée sur la confiance.

j. Je ne te le pardonnerai jamais!

k. Nous voulons la poursuivre en justice.

l. Ils ont constaté que la valeur de leurs actions a augmenté.

m. Nous défendrons nos acquis obtenus l'an dernier.

n. J'ai trouvé un superbe appartement avec vue sur la mer.

o. Je lui ai offert le livre dont elle ne cessait de parler.

112. FORME DE L'INFINITIF Insert the correct form of the infinitive.

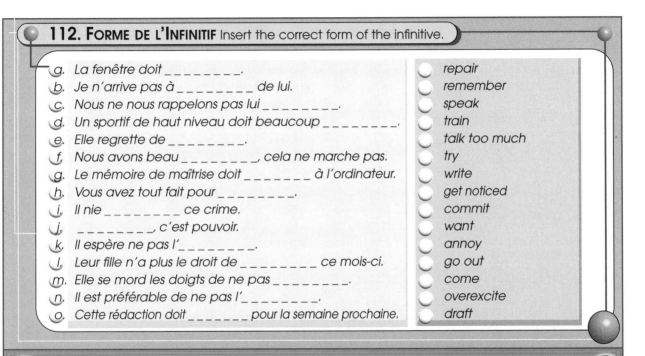

a. La fenêtre doit _ _ _ _ _ _ _ _.
b. Je n'arrive pas à _ _ _ _ _ _ _ de lui.
c. Nous ne nous rappelons pas lui _ _ _ _ _ _ _ _.
d. Un sportif de haut niveau doit beaucoup _ _ _ _ _ _ _ _.
e. Elle regrette de _ _ _ _ _ _ _ _.
f. Nous avons beau _ _ _ _ _ _ _ _, cela ne marche pas.
g. Le mémoire de maîtrise doit _ _ _ _ _ _ _ à l'ordinateur.
h. Vous avez tout fait pour _ _ _ _ _ _ _ _.
i. Il nie _ _ _ _ _ _ _ _ ce crime.
j. _ _ _ _ _ _ _ _, c'est pouvoir.
k. Il espère ne pas l'_ _ _ _ _ _ _ _.
l. Leur fille n'a plus le droit de _ _ _ _ _ _ _ _ ce mois-ci.
m. Elle se mord les doigts de ne pas _ _ _ _ _ _ _ _.
n. Il est préférable de ne pas l'_ _ _ _ _ _ _ _.
o. Cette rédaction doit _ _ _ _ _ _ _ pour la semaine prochaine.

- repair
- remember
- speak
- train
- talk too much
- try
- write
- get noticed
- commit
- want
- annoy
- go out
- come
- overexcite
- draft

Workout 113: a. convaincant - convainquant b. précédent - précédant c. charmant - charmant
d. convergent - convergeant e. excellent - excellant f. fatigant - fatiguant g. négligent - négligeant
h. désintéressant - désintéressant i. somnolent - somnolant j. provocant - provoquant k. souriant - souriant
l. parlant - parlant m. navigant - naviguant n. enthousiasmant – enthousiasment o. négligent - négligeant

Workout 112: a. être réparée b. me souvenir c. avoir parlé d. s'entraîner
e. d'avoir trop parlé f. essayer g. être écrit h. vous faire remarqué i. avoir commis
j. Vouloir k. avoir vexé(e) l. sortir m. être venue n. énerver o. être rédigée

113. ADJECTIF VERBAL - PARTICIPE PRÉSENT Write in these two forms for each verb.

a. convaincre -------------------------------- ⌐--->

b. précéder -------------------------------- ⌐--->

c. charmer -------------------------------- ⌐--->

d. converger -------------------------------- ⌐--->

e. exceller -------------------------------- ⌐--->

f. fatiguer -------------------------------- ⌐--->

g. négliger -------------------------------- ⌐--->

h. désintéresser -------------------------------- ⌐--->

i. somnoler -------------------------------- ⌐--->

j. provoquer -------------------------------- ⌐--->

k. sourire -------------------------------- ⌐--->

l. parler -------------------------------- ⌐--->

m. naviguer -------------------------------- ⌐--->

n. enthousiasmer -------------------------------- ⌐--->

o. négliger -------------------------------- ⌐--->

114. FORME PASSIVE Rewrite these sentences in the passive voice.

a. *Tout le quartier le connaissait.*

----

b. *Le maître a puni les élèves bruyants.*

----

c. *Des photos d'enfants recouvrent les murs de sa chambre.*

----

d. *On a effectué une enquête dans cette région.*

----

e. *Tous les étudiants respectèrent ce professeur.*

----

f. *Un voyou a agressé cette vieille dame.*

----

g. *Des produits laitiers remplissent son réfrigérateur.*

Workout 115: a. avoir toujours raison b. s'enfuir c. impossible d. impossible e. pouvoir y aller f. impossible
g. de nous être trompés h. de m'être trompée i. faire de l'auto-stop j. impossible k. la moutarde
lui monter au nez l. impossible m. impossible n. acheter bientôt un ordinateur o. de nous avoir déçu

Workout 114: a. Il était connu de tout le quartier. b. Les élèves bruyants ont été punis par le maître.
c. Les murs de sa chambre sont recouverts de photos d'enfants. d. Une enquête a été effectuée dans
cette région. e. Ce professeur fut respecté de tous les étudiants. f. Cette vieille dame a été agressée
par un voyou. g. Son réfrigérateur est rempli de produits laitiers.

115. AVOIR RAISON Replace, where possible, the underlined phrase with an infinitive.

a. Il imagine qu'il a toujours raison.

b. Le témoin a vu les voleurs qui s'enfuyaient.

c. Nous espérons que vous arriverez à temps.

d. Le ministre espère que son projet de loi sera accepté.

e. En attendant que je puisse y aller, je lis un roman.

f. Cela n'a plus d'importance puisque tout le monde est au courant.

g. Nous avons l'impression que nous nous sommes trompés.

h. De peur que je me sois trompée, je refais mes calculs.

i. Sur les routes, on voit moins souvent des jeunes qui font de l'auto-stop.

j. Nous pensons avoir fini avant que tu n'arrives.

k. Elle sentait que la moutarde lui montait au nez.

l. Nous souhaitons que nos enfants réussissent dans la vie.

m. Elle crie si fort que tous peuvent l'entendre.

n. Nous pensons que nous achèterons bientôt un ordinateur.

o. Elle a l'impression qu'elle nous a déçu.

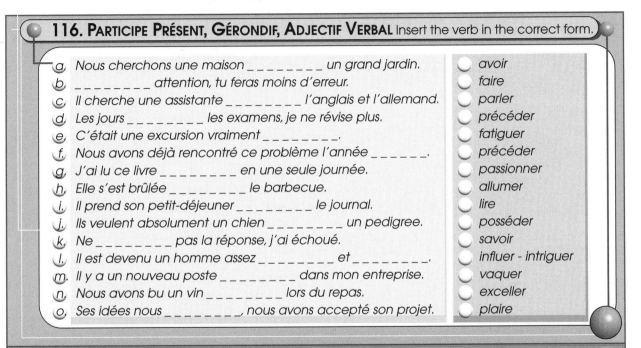

116. PARTICIPE PRÉSENT, GÉRONDIF, ADJECTIF VERBAL Insert the verb in the correct form.

a, Nous cherchons une maison _ _ _ _ _ _ _ _ un grand jardin. — avoir

b, _ _ _ _ _ _ _ _ attention, tu feras moins d'erreur. — faire

c, Il cherche une assistante _ _ _ _ _ _ _ _ l'anglais et l'allemand. — parler

d, Les jours _ _ _ _ _ _ _ _ les examens, je ne révise plus. — précéder

e, C'était une excursion vraiment _ _ _ _ _ _ _ _. — fatiguer

f, Nous avons déjà rencontré ce problème l'année _ _ _ _ _ _. — précéder

g, J'ai lu ce livre _ _ _ _ _ _ _ _ en une seule journée. — passionner

h, Elle s'est brûlée _ _ _ _ _ _ _ _ le barbecue. — allumer

i, Il prend son petit-déjeuner _ _ _ _ _ _ _ _ le journal. — lire

j, Ils veulent absolument un chien _ _ _ _ _ _ _ _ un pedigree. — posséder

k, Ne _ _ _ _ _ _ _ _ pas la réponse, j'ai échoué. — savoir

l, Il est devenu un homme assez _ _ _ _ _ _ _ _ et _ _ _ _ _ _ _ _. — influer - intriguer

m. Il y a un nouveau poste _ _ _ _ _ _ _ _ dans mon entreprise. — vaquer

n, Nous avons bu un vin _ _ _ _ _ _ _ _ lors du repas. — exceller

o, Ses idées nous _ _ _ _ _ _ _ _, nous avons accepté son projet. — plaire

Workout 117: a. impersonnel b. personnel - personnel c. impersonnel d. impersonnel
e. personnel f. impersonnel g. impersonnel - personnel - personnel h. impersonnel
i. personnel - personnel j. impersonnel k. personnel l. personnel m. impersonnel n. impersonnel
o. impersonnel

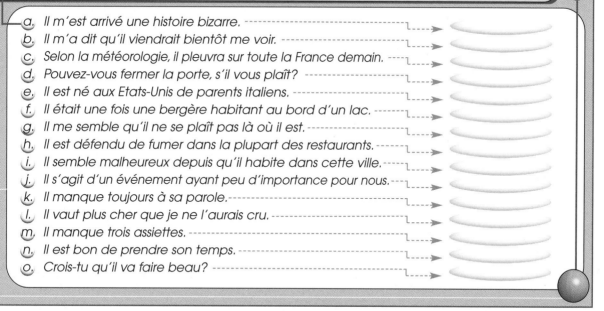

Workout 116: a. ayant b. En faisant c. parlant d. précédant e. fatigante f. précédente
g. passionnant h. en allumant i. en lisant j. possédant k. sachant l. influent - intrigant
m. vacant n. excellent o. plaisant

117. PRONOM PERSONNEL OU IMPERSONNEL Indicate the nature of each pronoun *il*.

a. Il m'est arrivé une histoire bizarre.

b. Il m'a dit qu'il viendrait bientôt me voir.

c. Selon la météorologie, il pleuvra sur toute la France demain.

d. Pouvez-vous fermer la porte, s'il vous plaît?

e. Il est né aux Etats-Unis de parents italiens.

f. Il était une fois une bergère habitant au bord d'un lac.

g. Il me semble qu'il ne se plaît pas là où il est.

h. Il est défendu de fumer dans la plupart des restaurants.

i. Il semble malheureux depuis qu'il habite dans cette ville.

j. Il s'agit d'un événement ayant peu d'importance pour nous.

k. Il manque toujours à sa parole.

l. Il vaut plus cher que je ne l'aurais cru.

m. Il manque trois assiettes.

n. Il est bon de prendre son temps.

o. Crois-tu qu'il va faire beau?

a. *"Je pars pour les Maldives demain."*
   Elle m'avait raconté que _

b. *"Je ne resterai pas longtemps et reviendrai dans 10 jours."*
   Elle a ajouté que _

c. *"Je pense y retourner l'année prochaine."*
   A son retour, elle précise que _

d. *"Moi, par contre, j'aimerais plutôt aller en Thaïlande cette année."*
   Son frère avait raconté que _

e. *"Nous devons absolument acheter un cadeau aujourd'hui."*
   Ils ont précisé que _

f. *"Notre entreprise va créer son site Internet la semaine prochaine."*
   Ils se vantèrent que _

g. *"Je veux m'acheter un logiciel pour faire mes cartes de voeux."*
   Mon père raconte que _

Workout 119: a. grande b. mille personnes c. haut d. que vous ne soyez pas venu
e. chaud f. considérable g. il est gentil h. nerveuse i. court j. marché k. parle
l. lentement m. eu raison n. parlé o. préparé

119. ASSEZ VITE What does each adverb refer to?

a. *Nous habitons en bordure d'une assez grande forêt.*

b. *Environ mille personnes sont venues écouter son discours.*

c. *Le taux d'humidité de l'air est si haut que l'on sue à grosses gouttes.*

d. *Dommage que vous ne soyez pas venu!*

e. *Le thé est encore trop chaud pour que l'on puisse le boire.*

f. *L'organisation organise un travail vraiment considérable.*

g. *Comme il est gentil!*

h. *Je trouve que je suis plutôt peu nerveuse ces temps-ci.*

i. *C'est une vraie tortue, il ne court vraiment pas très vite!*

j. *Nous avons longtemps marché le long de la plage.*

k. *Il parle couramment espagnol.*

l. *Depuis son accident, il marche plus lentement.*

m. *Ils ont franchement eu raison de se séparer.*

n. *Le directeur des ventes a moins parlé que celui des relations humaines.*

o. *Le repas a été excellemment préparé.*

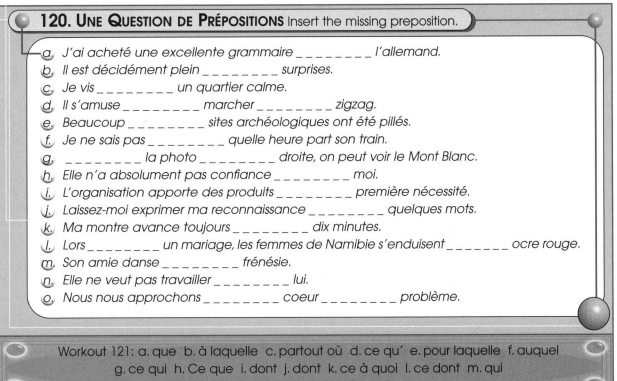

120. UNE QUESTION DE PRÉPOSITIONS Insert the missing preposition.

a. J'ai acheté une excellente grammaire _ _ _ _ _ _ _ _ l'allemand.

b. Il est décidément plein _ _ _ _ _ _ _ _ surprises.

c. Je vis _ _ _ _ _ _ _ _ un quartier calme.

d. Il s'amuse _ _ _ _ _ _ _ _ marcher _ _ _ _ _ _ _ _ zigzag.

e. Beaucoup _ _ _ _ _ _ _ _ sites archéologiques ont été pillés.

f. Je ne sais pas _ _ _ _ _ _ _ _ quelle heure part son train.

g. _ _ _ _ _ _ _ _ la photo _ _ _ _ _ _ _ _ droite, on peut voir le Mont Blanc.

h. Elle n'a absolument pas confiance _ _ _ _ _ _ _ _ moi.

i. L'organisation apporte des produits _ _ _ _ _ _ _ _ première nécessité.

j. Laissez-moi exprimer ma reconnaissance _ _ _ _ _ _ _ _ quelques mots.

k. Ma montre avance toujours _ _ _ _ _ _ _ _ dix minutes.

l. Lors _ _ _ _ _ _ _ _ un mariage, les femmes de Namibie s'enduisent _ _ _ _ _ _ _ ocre rouge.

m. Son amie danse _ _ _ _ _ _ _ _ frénésie.

n. Elle ne veut pas travailler _ _ _ _ _ _ _ _ lui.

o. Nous nous approchons _ _ _ _ _ _ _ _ coeur _ _ _ _ _ _ _ _ problème.

Workout 121: a. que b. à laquelle c. partout où d. ce qu' e. pour laquelle f. auquel
g. ce qui h. Ce que i. dont j. dont k. ce à quoi l. ce dont m. qui
n. parmi lesquelles o. laquelle

121. COMPLÉTEZ! Fill in the blanks.

a. Le livre _ _ _ _ _ _ _ _ je lis n'a pas été traduit en français.

b. C'est une chose _ _ _ _ _ _ _ _ je n'ai encore jamais pensée.

c. Mon chien me suit _ _ _ _ _ _ _ _ je vais.

d. Il obtient toujours _ _ _ _ _ _ _ _ il veut.

e. C'est une entreprise _ _ _ _ _ _ _ _ il a travaillé avec plaisir.

f. C'est un magazine _ _ _ _ _ _ _ _ je m'abonnerai volontiers.

g. Nous ne savons pas _ _ _ _ _ _ _ _ te ferait plaisir pour Noël.

h. _ _ _ _ _ _ _ _ je ne supporte pas, c'est le manque de respect envers autrui.

i. Je suis en train de lire un texte _ _ _ _ _ _ _ _ je ne comprends toujours pas le sens.

j. Elle discute avec une amie _ _ _ _ _ _ _ _ le père est employé dans une banque.

k. Il compris assez vite _ _ _ _ _ _ _ _ je faisais allusion.

l. Prends tout _ _ _ _ _ _ _ _ tu as besoin.

m. Selon les journalistes _ _ _ _ _ _ _ _ sont restés, la situation s'aggrave.

n. Voici les différentes propositions _ _ _ _ _ _ _ _ se trouve la bonne solution.

o. Nous avons reçu une carte au bas de_ _ _ _ _ _ _ _ tous mes frères ont signé.

122. Essuyons! Give the correct form of the verb.

essuyer

a. je / présent --- ⌐--->
b. nous / imparfait --- ⌐--->
c. tu / passé composé --------------------------------------- ⌐--->
d. elles / futur simple --------------------------------------- ⌐--->
e. vous / plus-que-parfait ----------------------------------- ⌐--->
f. il / imparfait du subjonctif -------------------------------- ⌐--->
g. vous / passé simple --------------------------------------- ⌐--->
h. tu / présent du conditionnel ----------------------------- ⌐--->
i. ils / passé simple -- ⌐--->
j. je / présent du subjonctif -------------------------------- ⌐--->
k. participe présent -- ⌐--->
l. 1ère pers. pluriel / impératif ----------------------------- ⌐--->
m. vous / présent --- ⌐--->
n. je / futur simple --- ⌐--->

Workout 123: a. m' en a b. d'y aller c. ne l'a pas d. Donnes-le-moi! e. lui résister
f. n'en veux - il g. n'y ont h. le lui i. eux j. le réussir k. ne le saviez l. nous y m. l'adore
n. n'en avez o. moi le

Workout 122: a. j'essuie b. essuyions c. as essuyé d. essuieront e. aviez essuyé
f. essuyât g. essuyâtes h. essuierais i. essuyèrent j. j'essuie k. essuyant
l. essuyons m. essuyez n. j'essuierai

123. REMPLACEZ! Replace the highlighted phrase with a pronoun.

a. Il m'a mise au courant **de ses intentions**. ⟶

b. Elle n'a pas envie d'aller **en Angleterre** toute seule. ⟶

c. Il n'a pas remarqué **que son frère est parti**. ⟶

d. Donnes-moi **ce livre**! ⟶

e. Aucune femme ne peut résister **à son charme**. ⟶

f. Je ne veux pas de **ce pull**. **Ce pull** ne me plaît pas. ⟶

g. Les conflits n'ont jamais cessé **dans cette partie du pays**. ⟶

h. Ne lui raconte pas **la fin de l'histoire**! ⟶

i. Elle a utilisé ses meilleurs arguments contre **ses adversaires**. ⟶

j. Je pensais pourtant réussir **mon examen de droit civil**. ⟶

k. Vous ne saviez pas **que Jacques est parti vivre à la Réunion**. ⟶

l. Il nous a invité **à son mariage**. ⟶

m. Elle adore **cette chanson de Jacques Brel**. ⟶

n. N'avez-vous pas assez mangé **de gâteaux**? ⟶

o. Laisse-moi faire **cet exercice** pour toi en guise d'exemple! ⟶

124. TRADUISEZ Translate the following sentences.

a. *In case you'd like to come, call me!*
   Au cas où _____

b. *As her house was too large for her, she sold it.*
   Comme _____

c. *Although he deceived me, I'm giving him another chance.*
   Bien que _____

d. *I'm not going with you to the movies because I have already seen this film.*
   Je _____

e. *Given that you agree, there are no more problems.*
   Etant donné _____

f. *Now that he's working, he is feeling much better.*
   Depuis _____

g. *Even though I was wrong, I did it all the same.*
   Même si _____

Workout 125: a. remontaient b. sommes allés c. était d. a appris e. ne savaient pas
f. n'ai pas cru g. recevait h. a sonné i. travailliez - est venu j. ne se mettait jamais
k. n'a pas voulu l. a offert m. vivaient n. n'a pas fait - a conseillé o. se rendait - ramenait

125. PASSÉ COMPOSÉ OU IMPARFAIT Put the verb in the correct tense.

a. Il y a des siècles, des navires (remonter) _ _ _ _ _ _ _ ce fleuve.

b. Cet été, nous (aller) _ _ _ _ _ _ _ tous les jours nous promener en forêt.

c. L'influence de ce philosophe (être) _ _ _ _ _ _ _ en son temps peu importante.

d. L'année dernière, il (apprendre) _ _ _ _ _ _ _ à écrire.

e. Autrefois, tous (ne pas savoir) _ _ _ _ _ _ _ écrire ni même lire.

f. Je (ne pas croire) _ _ _ _ _ _ _ une seule de ses paroles.

g. Le mois dernier, il (recevoir) _ _ _ _ _ _ _ encore régulièrement de ses nouvelles.

h. Mon réveil (sonner) _ _ _ _ _ _ _ trop tard ce matin.

i. Vous (travailler) depuis deux heures quand il (venir) _ _ _ _ _ _ _.

j. Mon grand-père (ne jamais se mettre) _ _ _ _ _ _ _ en colère contre ses petits-enfants.

k. Il (ne pas vouloir) _ _ _ _ _ _ _ lui rendre visite lors de son séjour à l'hôpital.

l. Elle (offrir) _ _ _ _ _ _ _ un stylo de valeur à son père.

m. Les rois de France (vivre) _ _ _ _ _ _ _ dans de beaux châteaux.

n. Cette fois-là, il (ne pas faire) _ _ _ _ _ _ _ ce que sa mère lui (conseiller) _ _ _ _ _ _ _.

o. Chaque fois qu'elle (se rendre) _ _ _ _ en France, elle (ramener) _ _ _ _ du fromage.

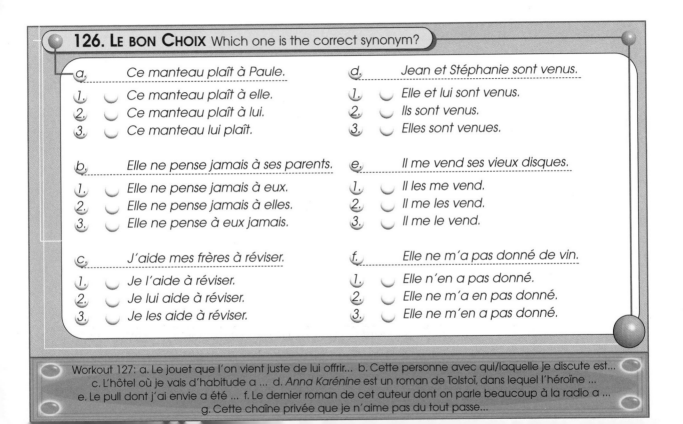

126. LE BON CHOIX Which one is the correct synonym?

a. *Ce manteau plaît à Paule.*
1. ○ Ce manteau plaît à elle.
2. ○ Ce manteau plaît à lui.
3. ○ Ce manteau lui plaît.

b. *Elle ne pense jamais à ses parents.*
1. ○ Elle ne pense jamais à eux.
2. ○ Elle ne pense jamais à elles.
3. ○ Elle ne pense à eux jamais.

c. *J'aide mes frères à réviser.*
1. ○ Je l'aide à réviser.
2. ○ Je lui aide à réviser.
3. ○ Je les aide à réviser.

d. *Jean et Stéphanie sont venus.*
1. ○ Elle et lui sont venus.
2. ○ Ils sont venus.
3. ○ Elles sont venues.

e. *Il me vend ses vieux disques.*
1. ○ Il les me vend.
2. ○ Il me les vend.
3. ○ Il me le vend.

f. *Elle ne m'a pas donné de vin.*
1. ○ Elle n'en a pas donné.
2. ○ Elle ne m'a en pas donné.
3. ○ Elle ne m'en a pas donné.

Workout 127: a. Le jouet que l'on vient juste de lui offrir... b. Cette personne avec qui/laquelle je discute est... c. L'hôtel où je vais d'habitude a ... d. *Anna Karénine* est un roman de Tolstoï, dans lequel l'héroïne ... e. Le pull dont j'ai envie a été ... f. Le dernier roman de cet auteur dont on parle beaucoup à la radio a ... g. Cette chaîne privée que je n'aime pas du tout passe...

127. RELIEZ! Join the sentences with a relative pronoun.

a. Le jouet est déjà abîmé. On vient juste de le lui offrir.

_ _

b. Cette personne est le futur responsable informatique. Je discute avec elle.

_ _

c. L'hôtel a fermé ses portes. Je vais d'habitude dans cet hôtel.

_ _

d. Anna Karénine est un roman de Tolstoï. L'héroïne se suicide.

_ _

e. Le pull a été tricoté à la main. J'ai envie de ce pull.

_ _

f. Le dernier roman de cet auteur a du succès. On parle beaucoup à la radio.

_ _

g. Cette chaîne privée passe trop de publicité. Je ne l'aime pas du tout.

_ _

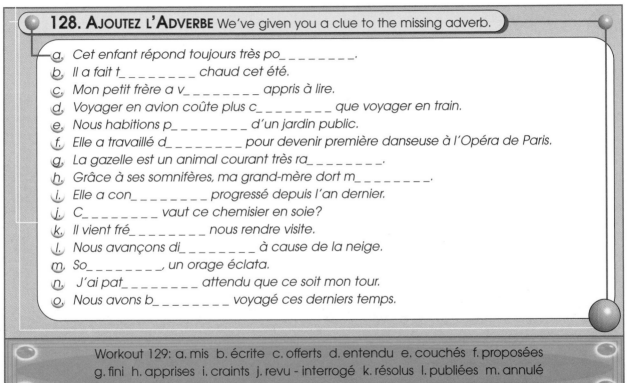

128. AJOUTEZ L'ADVERBE We've given you a clue to the missing adverb.

a. Cet enfant répond toujours très po_ _ _ _ _ _ _ _.

b. Il a fait t_ _ _ _ _ _ _ _ chaud cet été.

c. Mon petit frère a v_ _ _ _ _ _ _ _ appris à lire.

d. Voyager en avion coûte plus c_ _ _ _ _ _ _ _ que voyager en train.

e. Nous habitions p_ _ _ _ _ _ _ _ d'un jardin public.

f. Elle a travaillé d_ _ _ _ _ _ _ _ pour devenir première danseuse à l'Opéra de Paris.

g. La gazelle est un animal courant très ra_ _ _ _ _ _ _.

h. Grâce à ses somnifères, ma grand-mère dort m_ _ _ _ _ _ _ _.

i. Elle a con_ _ _ _ _ _ _ _ progressé depuis l'an dernier.

j. C_ _ _ _ _ _ _ _ vaut ce chemisier en soie?

k. Il vient fré_ _ _ _ _ _ _ _ nous rendre visite.

l. Nous avançons di_ _ _ _ _ _ _ _ à cause de la neige.

m. So_ _ _ _ _ _ _ _, un orage éclata.

n. J'ai pat_ _ _ _ _ _ _ attendu que ce soit mon tour.

o. Nous avons b_ _ _ _ _ _ _ voyagé ces derniers temps.

Workout 129: a. mis b. écrite c. offerts d. entendu e. couchés f. proposées
g. fini h. apprises i. craints j. revu - interrogé k. résolus l. publiées m. annulé
n. ralenti o. repeintes

Workout 128: a. poliment b. très c. vite d. cher e. près f. dur g. rapidement h. mieux
i. considérablement j. Combien k. fréquemment l. difficilement m. Soudainement
n. patiemment o. beaucoup

129. PARTICIPE PASSÉ What is the missing past participle?

a. Le poulet, nous l'avons (mettre) au four il y a une heure.

b. Cette lettre, je te l'ai (écrire) la semaine dernière.

c. Voici les livres qu'il lui a (offrir) pour son anniversaire.

d. Je n'ai jamais (entendre) cette émission.

e. Ma soeur et mon frère se sont (coucher) tôt.

f. Ils ont prêté beaucoup d'attention aux idées que je leur ai (proposer).

g. Est-ce-que vous avez (finir) de manger?

h. Les comptines qu'elle apprend à la maternelle, je les ai aussi (apprendre).

i. Les requins sont (craindre) par la plupart des gens.

j. Nous n'avions pas (revoir) la leçon sur laquelle il nous a (interroger).

k. Ces problèmes, il les a (résoudre) plus vite que prévu.

l. Ces revues ont été (publier) dans une maison d'édition célèbre.

m. Elle a (annuler) son abonnement à ce magazine.

n. Nous avons (ralentir) notre cadence de travail.

o. Les fenêtres que tu vois, nous les avons (repeindre) aujourd'hui.

130. POUVOIR SAVOIR Translate the English term.

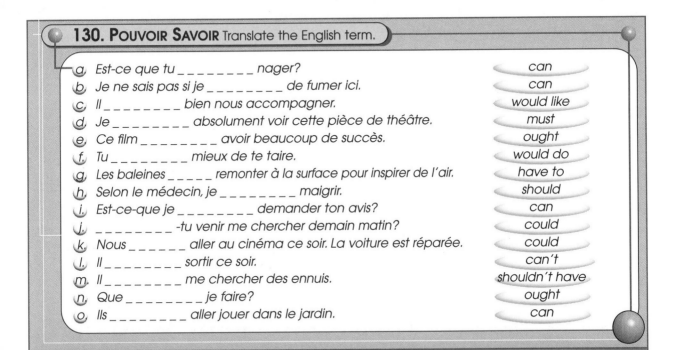

a. Est-ce que tu _ _ _ _ _ _ _ _ nager? — can

b. Je ne sais pas si je _ _ _ _ _ _ _ _ de fumer ici. — can

c. Il _ _ _ _ _ _ _ _ bien nous accompagner. — would like

d. Je _ _ _ _ _ _ _ _ absolument voir cette pièce de théâtre. — must

e. Ce film _ _ _ _ _ _ _ _ avoir beaucoup de succès. — ought

f. Tu _ _ _ _ _ _ _ _ mieux de te taire. — would do

g. Les baleines _ _ _ _ _ remonter à la surface pour inspirer de l'air. — have to

h. Selon le médecin, je _ _ _ _ _ _ _ _ maigrir. — should

i. Est-ce-que je _ _ _ _ _ _ _ _ demander ton avis? — can

j. _ _ _ _ _ _ _ _ -tu venir me chercher demain matin? — could

k. Nous _ _ _ _ _ _ aller au cinéma ce soir. La voiture est réparée. — could

l. Il _ _ _ _ _ _ _ _ sortir ce soir. — can't

m. Il _ _ _ _ _ _ _ _ me chercher des ennuis. — shouldn't have

n. Que _ _ _ _ _ _ _ _ je faire? — ought

o. Ils _ _ _ _ _ _ _ _ aller jouer dans le jardin. — can

Workout 131: a. suivis b. vécurent c. maudit d. lûtes e. bûmes f. crut g. fallut
h. rentrèrent i. sus j. allâmes k. s'écrivirent l. mirent m. battis n. voulut o. durent

Workout 130: a. sais b. j'ai le droit c. aimerait d. dois e. devrait f. ferais
g. doivent h. devrais i. peux j. Peux k. pouvons l. n'a pas le droit de
m. n'aurait pas du n. dois o. peuvent

131. PASSÉ SIMPLE Put the verbs in the *passé simple*.

a. Je la (suivre) un court instant.

b. Ils (vivre) dans une vieille maison toute délabrée.

c. Elle (maudire) son père.

d. Vous (lire) ses récits.

e. Nous (boire) un peu trop lors de son mariage.

f. Elle ne me (croire) jamais.

g. Il lui (falloir) un certain laps de temps pour réagir.

h. Ils (rentrer) enfin chez eux.

i. Je ne (savoir) jamais la vérité.

j. Nous (aller) à sa rencontre.

k. Ils (s'écrire) de longues lettres.

l. Elles (mettre) leur plus belle robe.

m. Je (battre) en retraite.

n. Pauline ne (vouloir) pas m'accompagner.

o. Les enfants (devoir) se rendre chez le médecin.

132. RELIEZ LES PROPOSITIONS Match the sentences correctly.

a. Le journaliste annonce
b. La météo prévoit
c. Mes parents décident
d. Le médecin a affirmé
e. Le journaliste a annoncé
f. Le volcanologue annonce
g. Mes parents décidèrent
h. Tu m'aurais fait plaisir
i. Le médecin affirme
j. Le chirurgien avait dit
k. Selon lui, il est certain
l. Tu me feras plaisir
m. Le volcanologue annonça
n. Le chirurgien dit
o. Selon lui, il est possible

1. qu'il guérira vite.
2. que ce volcan peut se réveiller.
3. si tu avais appelé avant de venir.
4. que ce volcan pouvait se réveiller.
5. que j'irais en vacances avec eux.
6. si tu m'appelles avant de venir.
7. que les routiers feraient grève.
8. que j'irai en vacances avec eux.
9. que les routiers feront grève.
10. qu'il vienne en retard.
11. que l'opération s'est bien passée.
12. que le soleil brillera toute la journée.
13. qu'il allait vite guérir.
14. qu'il viendra en retard.
15. que l'opération s'était bien passée.

Workout 133: a. ma visite b. l'absence de Sophie c. le mariage de ton frère en juin d. la mort de son chien e. la naissance de sa petite fille f. de ton aide pour traduire ce texte g. par la guérison prochaine de leur fils h. de l'exactitude de mes calculs i. une réponse le plus vite possible j. de la réaction du malade k. la restauration de ce tableau l. son renoncement à la succession m. du piratage de son logiciel n. la création prochaine de nouveaux emplois o. la livraison de mon téléviseur

133. REMPLACEZ Replace the underlined words with a noun phrase.

a. Paul et Justine attendent que je viennes.
b. Le professeur n'a pas remarqué que Sophie était absente.
c. J'ai appris que ton frère s'était marié en juin.
d. Julie est triste d'apprendre que son chien est mort.
e. Ma cousine est heureuse de m'annoncer que sa petite fille est née.
f. Nous avons besoin que tu nous aides pour traduire ce texte.
g. Ils sont soulagés que leur fils soit bientôt guéri.
h. Je suis certaine que mes calculs sont exacts.
i. Mon supérieur souhaite que je réponde le plus vite possible.
j. Le médecin est étonné que le malade réagisse ainsi.
k. Le directeur du musée souhaite que ce tableau soit restauré.
l. Le notaire a appris avec surprise qu'il renonçait à la succession.
m. Il souffre beaucoup que son logiciel ait été piraté.
n. Le ministre prévoit que de nouveaux emplois seront prochainement crées.
o. J'attend impatiemment que mon téléviseur soit livré.

134. BUT! Fill the blanks.

a. Ma grand-mère marche doucement _ _ _ _ _ _ _ _ tomber.

b. On a dépensé des sommes énormes _ _ _ _ _ _ _ _ tourner ce film.

c. _ _ _ _ _ _ _ _ nos invités aient froid, nous avons mis du chauffage.

d. Ils ont fléchés la route _ _ _ _ _ _ _ _ nous puissions les trouver facilement.

e. _ _ _ _ _ _ _ _ ne pas déranger les voisins, j'ai baissé le son de ma radio.

f. Il a pris son parapluie _ _ _ _ _ _ _ _ il ne pleuve.

g. Je me couvre d'une couverture _ _ _ _ _ _ _ _ ne pas avoir froid.

h. Ses parents l'ont envoyé en Allemagne _ _ _ _ _ _ _ _ il puisse apprendre la langue.

i. _ _ _ _ _ _ _ _ se rendre ridicule, il préféra s'en aller.

j. _ _ _ _ _ _ _ _ régler leur désaccord, ils ont fait appel à un avocat.

k. Elle a fait tout son possible _ _ _ _ _ _ _ _ tous soient satisfaits.

l. J'ai pris conseil auprès d'un spécialiste _ _ _ _ _ _ _ _ acheter cet ordinateur.

m. Elle ne lui téléphone pas _ _ _ _ _ _ _ _ le déranger.

n. _ _ _ _ _ _ _ _ être puni, personne n'ose le contredire.

o. Il m'écrit de longues lettres _ _ _ _ _ _ _ _ je ne perde pas courage.

de peur de
de peur que
pour que
pour

Workout 135: a. dans b. en c. pendant d. pour e. dans f. Depuis g. Dès h. Dans
i. après j. Avant k. depuis l. après m. avant - après n. dès o. en

Workout 134: a. de peur de b. pour c. De peur que d. pour que e. Pour f. de peur qu'
g. pour h. pour qu' i. De peur de j. Pour k. pour que l. pour m. de peur de
n. De peur d' o. pour que

135. EXPRESSION DU TEMPS Fill in the appropriate preposition of time.

a. Il revient _ _ _ _ _ _ _ _ deux minutes.

b. Nous faisons ce trajet _ _ _ _ _ _ _ _ trois heures.

c. Il a regardé la télévision _ _ _ _ _ _ _ _ plus de deux heures.

d. En France, le Président de la République est élu _ _ _ _ _ _ _ _ sept ans.

e. Nous aurons fini notre travail _ _ _ _ _ _ _ _ une heure.

f. _ _ _ _ _ _ _ _ sa plus tendre enfance, il rêve de devenir pilote de chasse.

g. _ _ _ _ _ _ _ _ la fin de son discours, nous rentrerons à la maison.

h. _ _ _ _ _ _ _ _ quelques années, ils pensent pouvoir faire bâtir.

i. Ils sont partis en voyage de noces juste _ _ _ _ _ _ _ _ leur mariage.

j. _ _ _ _ _ _ _ _ de partir, vérifie si tout est bien fermé!

k. Elle doit se reposer _ _ _ _ _ _ _ _ son opération du dos.

l. J'aime prendre une douche brûlante _ _ _ _ _ _ _ _ avoir couru.

m. Un médecin devrait se laver les mains _ _ _ _ _ _ _ _ et _ _ _ _ _ _ _ _ chaque visite.

n. "Promis! _ _ _ _ _ _ _ _ demain, je vais le voir."

o. Ce plat se prépare _ _ _ _ _ _ _ _ moins d'une heure.

136. SUBSTITUTION Replace the underlined phrase with a conditional *si* clause.

a. *En faisant des recherches, tu trouverais les renseignements que tu veux.*

b. *Avec la licence, on peut préparer une maîtrise.*

c. *En faisant régulièrement du sport, je serais moins fatiguée.*

d. *Sans mes lunettes, je ne peux pas travailler à l'ordinateur.*

e. *En écoutant la radio, j'aurais su que les transports en commun font grève.*

f. *En ne mangeant pas toute la journée, tu pourrais maigrir.*

g. *Avec de la patience, tu aurais pu réussir cet exercice.*

h. *On ne peut pas apprendre une langue étrangère sans aller à l'étranger.*

i. *En ajoutant un peu de poivre, ton plat serait plus épicé.*

j. *En faisant plus attention, l'élève aurait pu répondre à la question.*

k. *En roulant moins vite, je suis plus sûr de moi.*

l. *En ne respectant pas la nature, nous pouvons détruire la chaîne alimentaire.*

m. *Il ne réussira pas sans ton aide.*

n. *En me prévenant, vous m'auriez évité des ennuis.*

o. *Sans vos explications, je n'aurais rien compris.*

Workout 137: a. suis b. contredis c. avais dit d. crieras e. vienne f. est g. est
h. attire i. répondit j. aurait duré k. soit l. venais m. ferais n. embêterait o. partirons

Workout 136: a. Si tu faisais des recherches b. Si on a la licence c. Si je faisais du sport régulièrement d. Si je ne porte pas mes lunettes e. Si j'avais écouté la radio f. Si tu ne mangeais pas toute la journée g. Si tu avais eu de la patience h. si on ne part pas à l'étranger i. Si tu ajoutais du poivre j. S'il avait fait plus attention k. Si je roule moins vite l. Si nous ne respectons pas la nature m. si tu ne l'aides pas n. Si vous m'aviez prévenu o. Si vous ne m'aviez pas donné d'explications

137. A CHOISIR Circle the correct answer.

a. Je t'appelle dès que je **suis/étais** à la maison.

b. Si tu la **contredisais/contredis** tout le temps, elle se mettra en colère.

c. Je lui ai téléphoné comme je te l' **avais dit/disais**.

d. Aussi longtemps que tu **cries/crieras**, je ne t'écouterai pas.

e. Dans l'attente qu'il **vienne/soit venu**, je lis le journal.

f. Il **sera/est** temps que tu partes.

g. Il **est/fut** peu probable qu'il me téléphone ce soir.

h. Depuis cette découverte, le pays **attire/attirera** nombre savants.

i. Quand je lui ai posé cette question, elle **répondit/répond** sans hésiter.

j. Sans ordinateur, ce travail **aurait duré/dura** plus longtemps.

k. Aussi chanceux qu'il **soit/était**, il ne réussit pas toujours.

l. Si tu **venais/viendrais** passer les vacances avec moi, cela me ferait plaisir.

m. Au cas où j'aurais le temps, je **ferais/fais** la cuisine.

n. Si l'enfant était occupé, il n' **embêterait/embêtera** pas sa mère.

o. Nous **partirons/partîmes** dans deux jours.

138. PARTICIPES Give the past and present participles of these verbs.

a. rapiécer --➤

b. créer --➤

c. manger --➤

d. finir --➤

e. haïr --➤

f. fuir --➤

g. revenir --➤

h. mourir --➤

i. faillir --➤

j. avancer --➤

k. courir --➤

l. recevoir --➤

m. promouvoir --➤

n. savoir --➤

o. émouvoir --➤

Workout 139: a. J'ai lu tous les poèmes de cet auteur. b. Elle pense à ses parents et à ses frères et soeurs.
c. Mon père dit toujours quelque chose sur ce sujet. d. J'ai déjà vu ce film. e. Il fait encore du sport.
f. Elle est partie en saluant tout le monde. g. Il reste encore quelque chose à boire.

Workout 138: a. rapiécé rapiéçant b. créé créant c. mangé mangeant d. fini finissant e. haï haïssant
f. fui fuyant g. revenu revenant h. mort mourant i. failli faillissant/faillant j. avancé avançant
k. couru courant l. reçu recevant m. promu promouvant n. su sachant o. ému émouvant

139. Si Si! Rewrite these sentences in the positive.

a, Je n'ai lu aucun poème de cet auteur.

----

b, Elle ne pense ni à ses parents ni à ses frères et soeurs.

----

c, Mon père ne dit jamais rien sur ce sujet.

----

d, Je n'ai jamais vu ce film.

----

e, Il ne fait plus de sport.

----

f, Elle est partie sans saluer personne.

----

g, Il ne reste plus rien à boire.

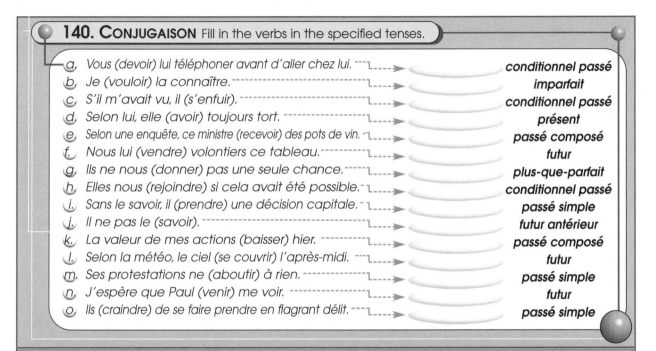

140. CONJUGAISON Fill in the verbs in the specified tenses.

a. Vous (devoir) lui téléphoner avant d'aller chez lui. → *conditionnel passé*
b. Je (vouloir) la connaître. → *imparfait*
c. S'il m'avait vu, il (s'enfuir). → *conditionnel passé*
d. Selon lui, elle (avoir) toujours tort. → *présent*
e. Selon une enquête, ce ministre (recevoir) des pots de vin. → *passé composé*
f. Nous lui (vendre) volontiers ce tableau. → *futur*
g. Ils ne nous (donner) pas une seule chance. → *plus-que-parfait*
h. Elles nous (rejoindre) si cela avait été possible. → *conditionnel passé*
i. Sans le savoir, il (prendre) une décision capitale. → *passé simple*
j. Il ne pas le (savoir). → *futur antérieur*
k. La valeur de mes actions (baisser) hier. → *passé composé*
l. Selon la météo, le ciel (se couvrir) l'après-midi. → *futur*
m. Ses protestations ne (aboutir) à rien. → *passé simple*
n. J'espère que Paul (venir) me voir. → *futur*
o. Ils (craindre) de se faire prendre en flagrant délit. → *passé simple*

Workout 140: a. auriez dû b. voulais c. se serait enfui d. a e. a reçu f. vendrons
g. ne nous avaient pas donné h. auraient rejointes i. prit j. ne l'aura pas su k. a baissé
l. se couvrira m. n'aboutirent n. viendra o. craignirent